Heilfasten –
Neue Kraft für Körper und Seele

Dr. med. Thomas Grethlein

Heilfasten – Neue Kraft für Körper und Seele

Pattloch Verlag

Pattloch Verlag, Augsburg

Titelmotiv: Image Bank, München
Grafische Gestaltung: Brigitte Tschöcke, Augsburg
Satz: Brigitte Tschöcke, Augsburg
gesetzt aus Avant Garde, 10 P.
Gesamtherstellung: Appl, Wemding
Printed in Germany

ISBN 3-629-00020-7

INHALT

9 **Ermutigung**
11 Fasten – was heißt das eigentlich?

12 **Die Grundlagen**

12 Die Bausteine der Ernährung
12 Wieviel von jedem Baustein?
13 Wieviel Eiweiß braucht der Körper?
13 Fett ist nicht gleich Fett
14 Wieviel Kohlenhydrate braucht der Körper?
15 Mineralstoffe, Spurenelemente: Ohne sie geht nichts
16 Einfach unentbehrlich: Vitamine

17 Die Kalorie
17 Was ist eine Kalorie?
18 Mit wieviel Kalorien nimmt man ab?

20 Ein Blick hinter die Kulissen – Steuerung des Stoffwechsels
20 Gute Futterverwerter?
21 Essen Sie nur aus Hunger?
22 Richtig essen kann man trainieren

23 **Fasten**

23 Von der Entlastung zur Belastung: Das Märchen vom Entschlacken
25 Viel trinken hilft beim Schlankwerden

28 Übergewichtig = krank? Das Märchen vom Schlanksein
28 Ein Obsttag tut gut!

30 Wieviel darf es sein – beim Körpergewicht?
30 Idealgewicht – wie sieht es heute aus?
31 Was sollten Sie wiegen?
34 Der Body Mass Index (BMI)

35 Fasten – wann und wie?

38 Heilfasten

38 Vom Fasten zum Heilfasten

40 Voraussetzungen
42 Das neue Konzept

43 Die Zeit zum Heilfasten

45 Darmreinigung: Von der Entschlackung zum Lustgewinn
46 Die Verdauung kann man ankurbeln

47 Freiheit und Ordnung – ein Kapitel Praxis
48 Sport verbraucht Kalorien
51 Und was ißt die Familie?
52 Alkohol und Fasten?
55 Zwischendurch Kraft tanken

56 Das erreichbare Ziel
57 Wege zu sich selbst
58 Erlebnisse auf Athos
60 Der Geist des Heilfastens
63 Der Tagesablauf
65 Gehen Sie mal wieder in die Sauna
65 Mittagsschalf mit Leibauflage
66 Wie wär's mit autogenem Training?
67 Lieber öfter und wenig essen
68 Beim Essen nichts anderes tun

70 Das Ergebnis

71 Die Heilfastenwoche

71 Vorbemerkung zu den Diätplänen
71 Jeden Tag auf die Waage?

73 Vorschläge zum Fastenplan
73 Was tun, wenn der Hunger kommt?
73 Immer Lust auf Süßigkeiten?
73 Sommer- und Winterfahrplan

74 Der Fastenplan

90 Richtig essen nach dem Fasten
90 Kalorien sparen in der Kantine
91 Jeden Tag kombinieren Sie selbst
92 Tolle Schlankmacher: Fertiggerichte

93 Der Aufbauplan

93 Frühstücke

95 Warme Mahlzeiten

98 Kalte Mahlzeiten

101 Zwischenmahlzeiten

103 Kalorien- und Nährwerttabelle

109 Register

Ermutigung

Die Enttäuschung ist groß: Eine Woche (Heil-)Fasten, das heißt eine Woche der Entbehrung und des Verzichts, und Sie haben kein Gramm abgenommen.

Woran liegt's? An Ihnen, an der Diät, an den Drüsen oder an allem zugleich?

Daß eine Fastenkur nicht zur erwünschten Gewichtsabnahme führen könnte, klingt, abhängig von der persönlichen Einstellung, nach Unvermögen, nach Willensschwäche, nach mangelnder Kraft. Schließlich rechnet man ja damit, daß persönlicher Einsatz, guter Wille und vielleicht auch Geld, Berge, besser gesagt Pfunde bewegen können. Diese Überlegung trifft auch durchaus zu. Nur bleibt in den meisten Fällen zweifelhaft, ob sich die Pfunde nicht wieder zurückbewegen.

Dies wäre, abgesehen vom Gefühl eigener Unfähigkeit und Ohnmacht auch insofern ärgerlich, als Zeit, Energie oder auch Geld verschwendet wurden. Denn Zeit, und mehr noch Geld, kann man beim Fasten, das sich noch besser als „Heilfasten" verkauft, schon loswerden: Für einige Tage, günstiger noch für zwei bis vier Wochen, gilt es, eine „radikale Einschränkung der Nahrungszufuhr" durchzuhalten. Ziel ist eine Gewichtsabnahme um jeden Preis, jeder Mißerfolg wird ausgeschlossen.

Wird das vorgenommene Ziel dann trotz aller Anstrengungen nicht erreicht, kann dies leicht zur Resignation führen. Doch es gibt noch andere Möglichkeiten des Heilfastens.
Dieses Buch zeigt einen neuen Weg auf. Eine unter allen Umständen erfolgreiche Durchführung wird Ihnen nicht versprochen. Sie werden auch keine Gelegenheit erhalten, viel Geld zu verbrauchen. Steht Ihnen der Sinn eher danach, so fahren Sie am besten in eines der hochgelobten, regelmäßig annoncierten Heilfasten-Institute (der Ausdruck „Klinik" will mir hier nicht so recht über die Lippen). Sie haben dort wahrscheinlich Erfolg, zumindest hören Sie das so. Wie es dann zu Hause weitergeht, ist Ihnen wahrscheinlich aus eigener Erfahrung bekannt.

Vorprogrammierter Erfolg?
Eigentlich ja.
Mit der Teilnahme wird der Erfolg gebucht, er ist ein Muß. Dieser Zwang führt meiner Meinung nach letztlich zum Scheitern – nach dem Abschluß der Leistungsklasse für Fasten.

Wo also liegt das Heil im Fasten?
Dieses Buch will nicht einen weiteren überflüssigen Beitrag zu unrealistischen Träumen liefern. Es kalkuliert auch das Scheitern mit ein. Aber von Beginn an wird kein Erfolgsdruck ausgeübt.
Mit Vorschlägen, die etwas anders sind.

Keine Gewichtsabnahme beim Heilfasten? Warum nicht?
Sie werden hören, daß dies mehr mit diesem oft mißbrauchten Begriff zu tun haben kann als eine angebliche Gewichtsreduktion von sechs Kilo in zwei Wochen.
Kann.
Denn Sie werden auch mit den Vorschlägen dieses Buches abnehmen.
Sie müssen dabei auch fasten wie woanders. Etwas weniger spektakulär, etwas weniger teuer – mindestens ebenso wirkungsvoll.

Aber es soll auch eine echte Alternative beschrieben werden.
Kaum verbreitete sich die Idee des Heilfastens – und ernsthafte Ansätze sollen hier nicht bestritten werden – da wurde dieses populäre Konzept breit aufgegriffen.
Um sich besser voneinander abzugrenzen, kamen Sekten und Clübchen auf, meist wenig fundiert. Durch nicht begründetes, aber künstlich heraufbeschworenes Profil ließen sich vielfältige Verkaufsanreize für Bücher, Seminare und Übungen auftun.

Mit diesen kritischen Worten sollen andere nicht schlecht gemacht werden. Die Leserinnen oder Leser, welche eine der bisher angesprochenen Methoden mit Erfolg anwenden, mögen dabei bleiben. Es wäre unfair, mit Energie und Opfern erzielte Leistungen im Heilfasten (für mich sind diese letztgenannten Begriffe klare Gegensätze, davon später) mit einem Federstrich abzuwerten.
Also: Keine Tür zuschlagen! Neue Türen zu öffnen für alle, die bisherige Möglichkeiten versuchten und scheiterten, das ist meine Absicht.

Und ich will mich noch weiter vorwagen. Dies ist der Versuch, Fasten so zu verwirklichen, daß Heil entsteht. Nicht als Ersatzreligion, aber als sinnvolle Stärkung von in uns vorhandenen Energien, die im Alltag unter der Härte zivilisatorischen Lebens leiden. Kein jammervoller Kultur-Pessimismus soll hier anklingen.
Wir wollen Möglichkeiten betrachten, neben dem Fasten noch einen unsentimentalen Zusatz-Effekt zu erreichen. Dieser umschließt keine Ideologie, ist individuell verschieden und bildet, wie Sie sehen werden, den Kern des Heilfastens, entsprechend der Betonung dieses Reizwortes auf der ersten Silbe.

Beispiele werden dem Verständnis helfen. Meine eigenen Erlebnisse auf dem Athos, dem heiligen Berg der Orthodoxie, sollen Ihnen das verdeutlichen.

Illusion? Mir scheint eher, die Auswirkungen des hier angesprochenen Heilfastens, eben nicht nur des Fastens, sind dauerhafter als kurzfristige, bisweilen gesundheitsgefährdende Leistungstips und -trips für ein falsch verstandenes Heilfasten. Solche Wege belasten den eigenen Körper, den Partner, die Familie. Manche, die so scheiterten, haben mir davon berichtet.

Ende gut, alles gut für dieses Büchlein? Das Urteil muß der Leser selbst fällen. Diese Einleitung soll ein wenig Appetit machen, kurz Unterschiede zu einer herkömmlichen Betrachtung des Themas anreißen und Mut machen für unverkrampften Erfolg abseits von Sektierertum und Schlankheitswahn.
Ich will damit den Abschied von einem heil-losen Mißverständnis einläuten.

Fasten – was heißt das eigentlich?

Die Terminologie geht ganz schön durcheinander. Von Diät wird gesprochen, vom Kuren, vom Hungern – und eben vom Fasten. Gemeint ist mehr oder weniger das gleiche: Weniger essen als normal, um schlanker, schöner, geistig und körperlich fit zu werden.

Das Heilfasten im ursprünglichen Sinn bedeutet den totalen Verzicht auf feste Nahrung. Es wird nur getrunken, Wasser, Kräutertee, Gemüsesaft.
Viele Ernährungswissenschaftler halten das für ungünstig, sogar gefährlich.
Denn: Bekommt der Körper überhaupt keine feste Nahrung, muß er auf andere Energiequellen zurückgreifen.
Die für ihn am leichtesten verfügbaren sind Zuckerreserven in der Leber, also Kohlenhydrate. Im nächsten Stadium baut der Körper Muskeleiweiß ab.
All das kann Kreislaufprobleme verursachen, im schlimmsten Fall sogar zu Nierenschäden führen. Ans Eingemachte, nämlich an die Fettpolster, geht der Körper ganz zuletzt, erst nach ein paar Tagen.

Besser ist das modifizierte Heilfasten, wie wir es vorschlagen: gesunde Mischkost mit wenig Kalorien, die genügend Kohlenhydrate und Eiweiß enthält.
Der Vorteil einer solchen Ernährung liegt auf der Hand: Der Körper braucht nicht ausschließlich auf die eigenen Bestände dieser Art zurückzugreifen, sondern kann schneller zum Fettgewebe übergehen.

Die Grundlagen

Die Bausteine der Ernährung

Wieviel von jedem Baustein?

Eiweiß, Fett und Kohlenhydrate sind die Bausteine unserer Ernährung. Das heißt, sie sind in jedem Nahrungsmittel enthalten, in der Möhre genauso wie im Stück Sahnetorte. Allerdings natürlich in unterschiedlicher Mischung. Und es kommt darauf an, daß die ausgewogen ist.
Die Deutsche Gesellschaft für Ernährung empfiehlt pro Tag 45 g Eiweiß, 30 g Fett und etwa 100 g Kohlenhydrate.

Beispiel für einen Idealtag:

Morgens:
Müsli aus Getreideflocken
mit Milch und Obst,
vormittags:
1 Apfel,
mittags:
Pellkartoffeln mit Quark,
nachmittags:
1 Glas Buttermilch,
abends:
Salatplatte.

Da hören wir von den Bausteinen der Ernährung:
Eiweiß, Fett und Kohlenhydrate.
Anderes ist selbstverständlich auch noch nötig, beispielsweise Mineralstoffe und Vitamine. Diese haben keine Kalorien – machen nicht dick. Also können wir sie vorläufig getrost übergehen.
Um so wichtiger bleibt das andere.
Die Dreiheit Eiweiß, Fett, Kohlenhydrat hat unterschiedlichen Brennwert. Dieser bezeichnet, was ein Gramm dieser Stoffe unserem Körper wert ist.

Und „wert" meint eine Vorstellung, die für unsere Vorfahren vom Neandertal von größter Bedeutung war. Manchmal auf der Flucht, unsicher, wann die nächste Mahlzeit erreichbar sein würde, abhängig von Klima- und Wettereinflüssen mit ihren Folgen für die frei wachsenden und wild umherlaufenden Nahrungsmittel in pflanzlicher und tierischer Gestalt: Es ging ums Überleben.

Nährstoffe gaben dem Körper die nötige Energie, den rauhen Alltag zu bestreiten. Standen einmal Nahrungsmittel im Überfluß zur Verfügung, konnte der Körper den Überschuß speichern, was für die Erhaltung der menschlichen Art von der Natur vorteilhaft eingerichtet war.

Alle Nahrungsmittel, die nicht für den aktuellen Bedarf gebraucht wurden, wandelte der Leib des Neandertalers in Speicherfett um. Dieses Anlegen von Vorräten, das bis heute unser Körper bei Überangebot von Nahrung vornimmt, erscheint in unserer Überflußgesellschaft eher unerwünscht. Lediglich Fitneß-Studios und eine Flut kommerzieller Diätpläneersteller profitieren davon.

Dem durchschnittlichen Zeitgenossen werden durch besagte Speicherfähigkeit Probleme aufgegeben. Zu allem Überfluß verläuft diese Speicherung recht streng, das heißt, der Körper geht mit dem Überangebot nicht verschwenderisch um, sondern arbeitet wie ein gewissenhafter Haushalter: Er bildet Fett. Gleichgültig, welcher unserer drei Nährstoffe im Übermaß zugeführt wird – es entsteht immer Fett.

Also ein Vereinfachungsprinzip:
Drei unterschiedliche chemische Verbindungen (so können wir Eiweiß, Fett und Kohlenhydrate auch bezeichnen) münden bei der Weiterverarbeitung in eine gemeinsame Endstrecke; oder unter neuzeitlichem Gesichtspunkt freilich etwas lieblos gesagt: Die Fettpölsterchen drücken.
Und das nicht von ungefähr:
9.1 Kalorien lassen sich in einem einzigen Gramm Fett speichern.
Zum Vergleich:
Ein Gramm Kohlenhydrate oder ein Gramm Eiweiß ergeben nur 4.1 Kalorien.

Wieviel Eiweiß braucht der Körper?

Die Deutsche Gesellschaft für Ernährung empfiehlt etwa 45 Gramm pro Tag. Diese Menge ist zum Beispiel enthalten in:

- 1/4 l frische Milch
- 50 g Quark
- 30 g Emmentaler
- 100 g Schweinefilet

Fett ist nicht gleich Fett

Banal ausgedrückt gibt es gutes und schlechtes Fett. Schlecht sind gesättigte Fettsäuren (stecken z.B. in Schmalz) oder einfach ungesättigte (z.B. in Olivenöl). Sie werden vom Körper nur schlecht verarbeitet und wandern zum Großteil in die Depots; das heißt, sie landen als Fettpölsterchen vorzugsweise auf den sogenannten Problemzonen Bauch, Hüften, Oberschenkel. Gut sind dagegen mehrfach ungesättigte Fettsäuren (z.B. in Leinsamen- oder Distelöl). Sie nehmen Einfluß auf die Zusammensetzung der Fettstoffe im Blut und halten den Cholesterinspiegel niedrig.

Wieviel Kohlenhydrate braucht der Körper?

Als Mindestmenge empfiehlt die Deutsche Gesellschaft für Ernährung 130 Gramm pro Tag. Noch gesünder wäre es, wenn der Kohlenhydrat-Anteil 55 bis 60 Prozent der gesamten Ernährung ausmachen würde, d.h. 370 Gramm pro Tag.
Gemeint sind dabei übrigens sogenannte komplexe Kohlenhydrate, wie sie in Vollkornprodukten, Kartoffeln, Hülsenfrüchten, Gemüse und Salat stecken.
Die denaturierten Kohlenhydrate (Zukker, Süßigkeiten, alles aus Weißmehl Gebackene) braucht der Körper dagegen nicht, im Gegenteil. Sie gelten als wertlos.

Und wie kommt man auf 370 Gramm Kohlenhydrate?
Geht man von 2000 Kalorien pro Tag aus (der richtigen Menge für Leute, die viel sitzen), wären das:

100 g Müsli,
1/4 l entrahmte Milch,
4 Scheiben Leinsamenbrot,
3 Kartoffeln,
200 g Erbsen,
2 Äpfel,
1 Banane,
4 Vollkornkekse.

Mineralstoffe, Spurenelemente: Ohne sie geht nichts.

Denn ähnlich wie die Vitamine machen sie viele Vorgänge im Stoffwechsel erst möglich.
Alle Mineralstoffe und Spurenelemente sind im Körper zwar vorhanden, werden aber ständig verbraucht und müssen mit der Nahrung wieder zugeführt werden – Mineralstoffe in großen, Spurenelemente in kleinsten Mengen.

Die wichtigsten Mineralstoffe:

Eisen (für die Blutbildung)
Magnesium (für Nervensystem und Energie-Stoffwechsel)
Calcium und Phosphor (für Knochen und Zähne)
Kalium (für Herz und Muskeln)
Jod (für die Schilddrüse)

Die wichtigsten Mineralstoff-Lieferanten:

Milch (Calcium, Magnesium, Phosphor)
Vollkornprodukte (Magnesium)
Gemüse und Obst (Kalium)
Fleisch (Eisen)
Seefische (Jod)

Die wichtigsten Spurenelemente:

Kupfer (für den Eisen-Stoffwechsel)
Zink (für das Immunsystem)
Mangan (für die Enzym-Aktivität)

Die wichtigsten Lieferanten von Spurenelementen:

Nüsse (Kupfer)
Milch und Fleisch (Zink)
pflanzliche Nahrungsmittel (Mangan)

Einfach unentbehrlich: Vitamine

Vitamine sorgen dafür, daß der Körper die Nahrung richtig ausnutzen kann; sie machen wichtige Stoffwechsel-Prozesse im Körper überhaupt erst möglich.

Hier eine Übersicht über die wichtigsten Vitamine, wozu der Körper sie braucht und in welchen Nahrungsmitteln sie vorrangig stecken.

Vitamin A:
für Körperwachstum, gutes Sehen, Haut (in Fleisch, Milch, Leber);

Vitamin B
(eine ganze Gruppe von B1 bis B12): für seelische Stabilität, Wohlbefinden (in Vollkornprodukten, Nüssen, Milch);

Vitamin C:
zur Vorbeugung gegen Infektionen, für schnelle und gute Wundheilung (in Paprika, Sauerkraut, frischem Obst);

Vitamin D:
für Zähne, Knochen, Haut.
Gilt als „Sonnen-Vitamin", weil der Körper es fast nur unter Einfluß von Sonnenstrahlung bilden kann. Vorstufen sind in Milch und Milchprodukten enthalten;

Vitamin E:
für Kreislauf und Fett-Stoffwechsel (in Weizenkeimen, Vollkornprodukten, pflanzlichen Fetten).

Die Kalorie

Was ist eine Kalorie?

Man weiß es aus dem Physikunterricht: Eine Kalorie ist das Maß für die Energie, die man aufwenden muß, um einen Liter Wasser um ein Grad zu erwärmen.

Unsere Nahrung setzt beim Verdauen Energie frei, darum mißt man auch den Brennwert der Nahrungsmittel nach Kalorien (die vor ein paar Jahren neu herausgebrachte Meßeinheit Joule hat sich nicht durchgesetzt). Die berühmte Angst vor Kalorien, die ja viele Übergewichtige haben, ist also total unbegründet – als Maßeinheit sind sie nichts schlimmeres als Meter oder Liter.

Die Kalorie, genauer Kilokalorie = kcal stellt die alte Einheit für die Brennenergie unseres Körpers dar. Die neue Einheit heißt Joule. Die Kilokalorie wird in diesem Buch einfach als Kalorie bezeichnet. Das ist weniger wissenschaftlich, reicht aber für unsere Betrachtung aus. Bewußt gebrauche ich den alten Begriff. Die meisten Leserinnen und Leser dürften ihn kennen. Die Verwendung von Joule als Einheit bietet uns keinen Vorteil.

Somit achtet die Natur doch noch etwas auf unsere Linie:
Stellen Sie sich vor, ein Übergewicht von zehn Kilo – durchweg als Fettpolster gespeichert – würde in Kohlenhydraten verpackt. Um denselben Energievorrat bereitzustellen, wäre unter Kohlenhydratbedingungen ein Übergewicht von rund 20 Kilo erforderlich.
Andererseits fällt das Abnehmen durch den „günstigen" Energiegehalt von Fett optisch schwerer. Gelingt es Ihnen, von besagten Fettpolstern ein Kilo abzunehmen, müssen Sie mehr als doppelt soviel Kalorien einsparen wie für ein Kilo Kohlenhydrate.
Diese Ungerechtigkeit macht die Natur aber durch vieles wieder wett, was wir positiv beim Heilfasten nutzen können – davon später.

Fassen wir das bisher Gesagte kurz zusammen, so scheint die Forderung nach „Friß die Hälfte" voll bestätigt zu werden. Die geneigte Leserin, der wohlwollende Leser beginnen an der Ernsthaftigkeit der Betrachtung zu zweifeln: Warum ein ganzes Buch für vermeintlich klare Sachverhalte?

Gestatten Sie mir, jetzt in die Defensive gedrängt, meinerseits einige Zweifel zu meiner eigenen Entlastung vorzubringen. Der scheinbar klare Zusammenhang von Kalorienzufuhr und Gewichtsentwicklung, wie ihn unser kräftiges Sprichwort nennt, wird durch zahlreiche Beispiele widerlegt.

Diese Beispiele kennt jeder. Da ist der Arbeitskollege, der wenig oder gar keinen Sport treibt, bei jedem Essen die größten Portionen vertilgt und zu allem Überfluß nicht müde wird zu bedauern, daß er nicht an Gewicht zunimmt.
Oder als Gegenpol: Die Freundin, die jedes Jahr eine neue, nach oben ausgerichtete Kleidergröße benötigt. Mehrere Ärzte haben ihre Hoffnung auf eine Drüsenerkrankung als behandelbare Ursache ihrer Gewichtsprobleme ausgeschlossen. Sie kasteit sich sichtbar. Und Sie kennen diese Freundin so gut, daß Sie genau wissen, sie bemüht sich tatsächlich, ohne sogenannte Sünden dazwischenzustreuen. Sie unterwirft sich also strenger Diät, ohne anschließend frustriert den Kühlschrank zu plündern.

Warum handelt die Natur so unterschiedlich und im letzten Beispiel vielleicht ungerecht?
Anscheinend geht der mahnende Satz vom Halbieren der Portionen glatter über die Lippen, als er die Wirklichkeit trifft.

Mit wieviel Kalorien nimmt man ab?

Das ist individuell sehr verschieden, weil neben der Kalorienzufuhr auch Stoffwechsel-Tätigkeit und Körperbau eine Rolle spielen. Trotzdem gilt nach wie vor die Faustregel: Dünner wird, wer weniger Kalorien zu sich nimmt, als er verbraucht.

Tips dazu:

- Für jedes Kilo, das man abnehmen will, muß man 7000 Kalorien einsparen.

- Wer sein Gewicht halten will, multipliziert seine Kilo-Zahl mit 30 und kommt so auf die passenden Tages-Kalorien.
Beispiel: Eine Frau, die 60 Kilo wiegt, hat mit 1800 Kalorien täglich die richtige Menge. Will sie abnehmen, muß sie deutlich unter dieses Limit gehen.

Fast jeder Mensch, der seine Nahrungszufuhr und seine tägliche Bewegung als Teil des Kalorienverbrauches in etwa beobachtet, kennt unterschiedliche Phasen.
Mal gibt es eine Zeit, wo relativ viele Kalorien ohne Gewichtszunahme und Anlage von Fettpölsterchen zugeführt werden können. Dann kommt es zwischendurch zu Gewichtszunahme – trotz recht beschränktem Nahrungsangebot. Selbstverständlich sind bei dieser Betrachtung keine anderen Gründe einer Gewichtsveränderung (wie Wassereinlagerung oder zehrende Krankheiten) angesprochen.

Hier geraten wir ins Stocken. Wie können wir dieses Verhalten des Körpers erklären? Natürlich können wir fatalistisch sagen: Es ist eben so – genau wie es ohne unsere Einflußnahme einmal regnet und dann wieder nicht. Unsere Überlegungen aber drehen sich ums Fasten. Wenn wir in den erwähnten, auffälligen Gewichtsschwankungen ein System erkennen könnten, kämen wir einer vorhersagbaren Gewichtsabnahme nahe.
Vielleicht schwirrt Ihnen schon der Kopf von soviel „hätte" und „könnte".
Wollen wir da nicht lieber andere für uns denken lassen?
Damit geben wir der Wissenschaft das Signal.

Wir könnten jetzt viele Einzelheiten erfahren. Wie sich die unterschiedlichen Nährstoffe wechselseitig beeinflussen. Eiweiß zum Beispiel muß wesentlich aufwendiger im Körper verarbeitet werden. Das heißt, ein Teil der im Eiweiß vorhandenen Energie (die dann auch Fett bilden kann) wird im Körper zur Weiterverarbeitung gebraucht. Oder anders gesagt: Statt etwa vier Kalorien liefert ein Eiweißgramm nur drei, die restliche Brennenergie blieb in Verarbeitungs-Prozessen auf der Strecke.

Trotzdem: Wir alle kennen Menschen, die peinlich auf eiweißreiche Ernährung achten („Ich esse nur Steaks und Salat") und dennoch ungewollt zunehmen.
Hier hilft die Wissenschaft nicht weiter. Sie bietet aber eine beliebte Theorie zur Erklärung unserer Zweifelsfälle an: den „guten Futterverwerter". Es kann die zugeführte Kalorienmenge bei zwei unterschiedlichen Personen durchaus vergleichbar sein, besagt diese Theorie; dennoch kann die eine Person zunehmen, die andere hält ihr Gewicht oder nimmt sogar ab. Hier stünde also guter gegen schlechter Futterverwerter.

Wissenschaftlich kann man das hübsch mit individuell dynamischer Metabolisierung vernebelnd umschreiben. Das erklärt aber nicht viel und hilft uns vor allem praktisch nicht weiter. Hier wird lediglich mit einem Fremdwort eine bekannte Alltagsbeobachtung unnötig kompliziert wiedergegeben.
Man kann mit dieser schönen Theorie vom unterschiedlichen Futterverwerter nicht mehr voraussagen als der einzelne in der Regel ohnehin schon weiß. Ganz im Stich läßt sie uns, wenn wir erfahren wollen, wie die Gewichtsentwicklung individuell zu beeinflussen wäre.

Wir wollen hier darauf verzichten, weitere Theorien vorzuführen. Sie sind für praktische Belange ähnlich unbrauchbar. Das liegt zum Teil daran, daß zwar richtige Ausgangs-Überlegungen getroffen werden, die Verknüpfung aber zu wünschen übrig läßt.

Ein Blick hinter die Kulissen - Steuerung des Stoffwechsels

Gute Futterverwerter?

Es gibt Menschen, bei denen Nahrung schneller in Energie umgesetzt wird als bei anderen. Trotzdem sind viele Fachleute der Meinung, daß das fürs Abnehmen keine so große Rolle spielt. Sondern daß man alles, was anschlägt, einfach zuviel gefuttert hat.

Tip:
Schreiben Sie mal eine Woche lang jeden Bissen auf, den Sie essen (wirklich jeden, auch die Praline vor dem Zubettgehen!) und rechnen Sie ihn mit Hilfe einer Kalorientabelle um. Diesen Durchschnittswert um mindestens 500 Kalorien täglich unterschreiten – dann ist Abnehmen so gut wie garantiert!

Viele wissenschaftliche Betrachtungen richten sich, ebenso wie eine große Zahl von Diätplänen, auf die drei Nährstoffgruppen (Kohlenhydrate, Fette und Eiweiß) aus. Das macht auf den ersten Blick Sinn. Berücksichtigen wir jedoch unsere Beispiele, die schon vorweg gezielte Zweifel ausstreuten, können wir die Sackgasse erkennen. Nicht die Nährstoffe sind das Wesentliche, sondern ihre Verwertung. Und dabei unterwerfen sie sich einer strengen Kontrolle: Hormone greifen entscheidend ein. Mit diesem Zusammenhang scheinen wir ein Stück vorangekommen zu sein.

Um die Bedeutung dieser Hormone zu verdeutlichen, möchte ich ein Beispiel geben.

Stellen Sie sich vor, Sie beobachten eine Großstadt-Kreuzung von oben aus dem 10. Stockwerk eines nahe gelegenen Hochhauses. Dabei können Sie zufällig nur die Hälfte der Kreuzung einsehen. Vor allem sehen Sie von Ihrer Position aus die Kreuzungsmitte nicht. Dort regelt ein Polizist, den Sie ebenfalls nicht sehen können, den lebhaften Verkehr. Sie bemerken lediglich, daß größere Verkehrs-Bewegungen stattfinden, verstehen aber das „Los" und „Stop" dieser Ströme nicht. Erst wenn Sie sich weiter aus dem Fenster lehnen, erkennen Sie in der jetzt einsehbaren Mitte der Kreuzung den Polizeibeamten, dessen nunmehr sichtbare Weisungen den Verkehrsablauf vollständig erklären.

Ähnlich haben wir bei ausschließlicher Analyse der Nährstoffe und ihrer Brennwerte keinen ausreichenden Überblick. Erst wenn wir das Steuerprinzip beachten – im Beispiel der Polizist, im Körper-Stoffwechsel die Hormone – kommen wir der Sache mit dem Fasten näher. Aber wie nahe kommen wir heran?

Wir können darauf antworten, wenn wir die Regeln dieser Hormon-Steuerung verstehen. Doch dabei kommen wir bereits wieder ins Straucheln.

Zwar kennen wir viele wichtige Angriffspunkte und Wirkungsweisen der Hormone. Aber manches wurde in Modellen entwickelt, die sich nicht so einfach auf den Menschen übertragen lassen. Denken Sie nur daran, daß menschliches Eßverhalten viel weniger instinktiv ist und von ganz anderen Emotionen getragen wird als das von Versuchstieren (Beispiele: Essen aus Langeweile, Kummerspeck). Ganz zu schweigen von der gesellschaftlichen Komponente der Nahrungsaufnahme bei uns („Essen ist ein Gesellschaftsspiel"). Nebenbei kennen wir wichtige Hormone noch überhaupt nicht, wir können nur indirekt auf ihre Rolle schließen.

Damit breitet sich auch hier eine Spielwiese aus für wissenschaftliches Arbeiten. Solche Unternehmungen will ich nicht gering schätzen. Aber uns geht es um praktische Überlegungen, welche klar sichtbare Auswirkungen auf den Alltag unserer Nahrungsaufnahme haben sollen. Und dabei sind wir offensichtlich wieder auf uns selber angewiesen. Der Glanz wissenschaftlicher Diskussion mit noch so interessanten Detail-Kenntnissen (die gelegentlich auch in der Laienpresse auftauchen) leuchtet uns für das Thema (Heil-)Fasten nicht ein.

Verstehen Sie mich recht, liebe dem Zweifel ausgesetzte – und auch jetzt noch hoffentlich geneigte – Leserinnen und Leser: Mein Standpunkt lehnt nicht die wissenschaftliche Betrachtung ab, widerlegen kann und will er sie schon gar nicht.

Umgekehrt interessieren den Wissenschaftler oft Fragen nicht, die für uns in den Mittelpunkt rücken. Mein Hauptziel ist unwissenschaftlich. Vielleicht steht es dadurch unserem Lebensalltag um so näher.

Essen Sie nur aus Hunger?

Beobachten Sie sich mal ganz genau: Wann essen Sie und warum?

- Nur weil es gerade Zeit fürs Mittag- oder Abendessen ist? Finden Sie lieber Ihren eigenen Eß-Rhythmus; warten Sie, bis Sie Hunger haben.

- Weil Sie abends nach der Arbeit k.o. nach Hause kommen? Stürzen Sie nicht gleich an den Kühlschrank. Lieber erst zur Entspannung ein paarmal um den Block gehen oder ein schönes warmes Bad nehmen. Und dann ganz bewußt und mit viel Lust essen.

Richtig essen kann man trainieren

- Langsam essen, gut kauen, auch wenn's schwerfällt.
Dann ist man schneller satt.

- Sich nicht eine riesige Portion auf den Teller schaufeln, erst mal mit weniger anfangen.

- Kleine Bissen nehmen.

- Das Besteck nach jedem Bissen aus der Hand legen.

- Die Mahlzeit erst mal halb aufessen.
Dann eine Pause machen und sich fragen, ob man schon satt ist.
Wenn ja, aufhören zu essen.
Wenn nein, langsam weiteressen.

Von der Entlastung zur Belastung: Das Märchen vom Entschlacken.

Mit der Erörterung von Bausteinen unserer Ernährung, mit Diskussion um nicht gesicherte Hormoneinflüsse wählten wir augenscheinlich einen wenig hilfreichen Ansatz. Diese Grundlagen waren wichtig für ein naturwissenschaftlich orientiertes Verständnis von Stoffwechselschritten in unserem Körper. Die Grenzen mußten wir bald erkennen.

Greifen wir deshalb ein wichtiges Fastenthema auf, das uns überdies dem Heilfasten näherbringt.
Betrachten wir das Stichwort „Entschlackung".

Dabei können wir an vorher Gesagtes anknüpfen. Bislang redeten wir vom Aufbau unseres Körpers. Ein wichtiges Ziel des Fastens betont das Gegenteil: den Abbau von Körpermasse.
Für unsere schon angesprochenen Vorfahren aus dem Neandertal bedeutete das kein Thema. Abbau von Körpergewebe meinte immer auch Bedrohung der eigenen Existenz. Für uns scheint diese Negativbilanz – nichts anderes heißt Abbau von Körpermasse – erwünscht. Weg mit den Fettpolstern!

Nun achten die meisten Anweisungen dazu – häufig Diätpläne genannt – nicht nur auf ein nach unten weisendes Waagepegel. Das gilt zwar als nützlich und erwünscht. Doch mehr noch: nicht nur ein Kalorienziel – Tendenz nach unten –, sondern auch ein Zusatzgeschenk.

Abnehmen in diesem Zusammenhang bedeute auch Entschlackung, heißt es. Vielfältig sind die Belastungen unseres Körpers durch die Nahrungsaufnahme. Zuviel an Kalorien, an Fett, aber auch ein Übermaß an Konservierungsmitteln sowie an unerwünschten Zusätzen wie Schwermetallen oder Farbstoffen.
Weniger wäre für die Gesundheit mehr. Vielleicht könnte man gar durch eine Reduktion der Körpermasse auch die im Körper unnötigerweise gestapelten Stoffe dieser Art vermindern. Doch hochgemute Erwartungen müssen sich überprüfen lassen.

Was meint Negativ-Bilanz? Individuell, also für jeden einzelnen Menschen gesondert, können wir feststellen, wieviele Kalorien zum Aufrechterhalten des Körpergewichtes notwendig sind. Das kann über aufwendige Meßtechniken geschehen; für praktische Belange reicht es, mit Hilfe einer Waage zu überprüfen, ob eine gewählte Kalorienzahl zur Gewichtsreduktion führt.
Nehmen wir an, dies sei der Fall. Was passiert? Der Körper braucht ein gewisses Maß an Energie. Diese ermöglicht grundlegende Lebensvorgänge wie Pumptätigkeit des Herzens oder auch Atmung. Mit jeder unserer Bewegungen wird zusätzliche Energie erforderlich.

Wird sie nicht von außen mit der Nahrung zugeführt, nimmt sie der Stoffwechsel aus der Körpersubstanz. Dabei wird nicht nur Fett eingeschmolzen, sondern auch Muskulatur und andere wichtige Gewebe. All diese Gewebe zerfallen nicht einfach, sondern werden auf komplizierten biochemischen Wegen abgebaut. So gewinnt der Körper bei nicht ausreichender Nahrungszufuhr die nötige Energie. Natürlich wird nicht schlackenfrei abgebaut. Auch ein gut geheizter Ofen hinterläßt Asche. Diese Schlacken können nicht unbegrenzt im Körper verbleiben. Sie müssen auf vorgegebenen Wegen entfernt werden. Dazu ist weitere Energie erforderlich.

Auf den ersten Blick scheint das unsere Bemühungen beim Fasten zu steigern.

Andererseits wissen wir, daß der Körper in solchen Abbau-Situationen auf Sparflamme arbeitet. Er vermindert die Abbau-Energie so weit wie möglich. Das heißt, er spart Kalorien, wo es geht. Für den Abnahmewilligen ungünstig, schlecht auch ganz allgemein.

Die vom Körper eingehaltene Taktik „Sparflamme" beeinträchtigt das Allgemeinbefinden, wie viele wissen. Weniger Antrieb, zunehmende Unlust an körperlicher und geistiger Beschäftigung – diese Auswirkungen sind bekannt. Das läßt sich auf ebenfalls hormonell gesteuerte Veränderungen während der Fastenphase zurückführen. Genaues wissen wir auch hier nicht.

Nur eines ist klar: Bei jedem Fasten müssen die Abbau-Produkte – oben Schlakken genannt – in erheblichen Mengen anfallen. Werden die Rückstände nicht entsorgt, bedeutet dies Vergiftung für den ganzen Körper. Bei Leber- und Nierenkranken etwa kann so eine Zeit reduzierter Nahrungszufuhr zu lebensbedrohlichen Gesundheitsstörungen führen. Der immer wieder geäußerte Warnhinweis hat recht, in solchen Fällen einen hierin kundigen Arzt zu befragen. Meistens wird der aber bei so vorgeschädigten Personen keine Empfehlung zum Fasten aussprechen können. Hieraus ersehen Sie, wie die im Fasten anfallenden Schlacken unseren Körper belasten. Und das nicht nur, wenn eine Organschädigung bereits vorliegt.
Auch der gesündeste Organismus erfährt im Fasten eine deutliche Belastung.

Nun will ich hier nicht übertreiben. Wieder mit Blick auf unsere fellgewandeten Vorfahren wäre es um die menschliche Art schlecht bestellt, wenn eine über Tage andauernde, deutliche Nahrungseinschränkung stets fatale Folgen hätte.

Die Nahrungsaufnahme lange vor unserer pünktlichen Zivilisationsgesellschaft schwankte erheblich und Schäden entstanden dabei wohl relativ selten. Das aber schließt sie keineswegs aus. Nicht von ungefähr werden Reduktionsdiäten mit Hinweis auf reichliche Flüssigkeitszufuhr, vitamin-, gelegentlich auch eiweißreiche Ernährung, durchgeführt.

Viel trinken hilft beim Schlankwerden!

Je weniger man ißt, desto mehr sollte man trinken!
Warum? Weil man vom eigenen Fettgewebe zehrt, sich also fettreich ernährt. Das abgebaute Fett gelangt in die Blutbahn und wird von der Leber verarbeitet. Dabei entstehen Fettabbau-Produkte. Natürlich bleiben sie nicht im Körper, sondern verlassen ihn, hauptsächlich über den Urin. Wenn Sie viel trinken, können Sie diesen Vorgang ein bißchen beschleunigen.
Zwei bis drei Liter Flüssigkeit pro Tag sind ideal, am besten Mineralwasser und Kräutertees.

Es gibt sicher annehmbare Methoden zum Abnehmen. Trotzdem bleibt ebenso gewiß, daß die anfallenden Stoffwechsel-Schlacken den Organismus auf jeden Fall belasten.
Die naive Vorstellung, Fasten würde grundsätzlich alles verbessern und der Körper erhole sich dabei nur, ist falsch.

Ebenso falsch wie die Meinung, ein wirksames Medikament habe nur vorteilhafte Wirkungen. Glücklicherweise wächst heute die Anzahl der Leute, die sich zunehmend um Nebenwirkungen kümmern. Manchmal wird das übertrieben, wenn auf lebensrettende Behandlungen wegen relativ untergeordneter, möglicher – das heißt: nicht zwangsläufiger – Nebenwirkungen verzichtet wird. Die Risiken des Unterlassens werden dabei nicht selten bedenkenlos in Kauf genommen.

Angesichts der grundsätzlich erfreulich kritischen Einstellung gegenüber Medikamenten hat es mich immer sehr verwundert, daß die Risiken einer Fastenkur – noch dazu ohne vorausgehende medizinische Beurteilung der Tauglichkeit – mit der naiven Rede vom günstigen Effekt einer Entschlackung gerechtfertigt wurden.

Die Gewichtsabnahme mag ja aus vielerlei Gründen (Beseitigung von Risikofaktoren, Verbesserung des Wohlbefindens) vertretbar erscheinen.
Doch die „heilsame" Entschlackung belastet unseren Körper immer, manchmal bedroht sie ihn sogar.

Die Gewichtsabnahme als meßbarer Ausdruck der Entschlackung beansprucht ja den Körper zusätzlich, und das in einer Phase, wo weniger Nährstoffe als sonst zugeführt werden. Während wir also die (Gewichts-) Bremse ziehen, geben wir Vollgas. Jedem Autofahrer ist klar, daß dies keine normale Situation darstellt, von reinem Nutzen für das Fahrzeug scheint sie auch nicht zu sein.

Nun wenden Sie mit Recht ein, der menschliche Körper sei eben kein Auto. Zugegeben. Aber der Vergleich mit gleichzeitigem Bremsen und Gasgeben liegt nicht so weit entfernt. Wir kennen ja Situationen, wo beides gleichzeitig nötig wird, denken Sie nur an das Anfahren am Berg. Um über den Berg zu kommen, also eine Anstrengung zu bewältigen, mag auch jenseits vom Auto-Beispiel die Belastung des Körpers mit Schlacken vertretbar sein.
Sie bleibt aber eine Be- und keine Entlastung. Ähnlich wie bei einem noch so wirksamen Medikament. Dieses belastet auch immer, selbst wenn keine erkennbaren Nebenwirkungen auftreten.

Letztlich kann sich das Medikament als große Wohltat für den Patienten erweisen. In diesem Fall kann man sicher behaupten: Es hat dem Patienten gut getan, es war notwendig, vor allem: Es war vertretbar. Diese Zustimmung bedeutet jedoch nicht, daß wir das Medikament leichtfertig bei der nächsten sich bietenden Gelegenheit wieder einsetzen.

Wir müssen jedes Mal neu abwägen, ob die Belastung im konkreten Krankheitsfall unter sorgfältiger Berücksichtigung der Natur des Patienten angezeigt ist.

Wieder sollte Sie ein Vergleich zum Kern des Problems führen. Das letzte Beispiel handelte sogar vom menschlichen Körper, nicht von seelenlosen Blechkisten. Das Entscheidende ist die gemeinsame Belastung, durch das Medikament ebenso wie durch das Fasten. Hier beißt die Maus keinen Faden ab. Alles (teilweise geschäftstüchtige) Gerede von der problemlosen Entschlackung beruht vermutlich auf unzureichender Informiertheit oder auf Naivität. Wer Ihnen gegenüber damit auftritt, verdient nicht Ihr Gehör.

Ich jedenfalls erachte meinen Körper als zu wertvoll, als daß ich mich von Leuten beraten ließe, die mit ihren Verharmlosungs-Parolen nur ihre medizinische Unkenntnis offenbaren.

Die anderen Entschlackungs-Freunde betrachte ich jedoch nicht als leicht durchschaubare Vertreter der Unwissenheit. Ihr Tun hat nichts mit Naivität gemein. Im Gegenteil, sie wissen nur zu gut um das Zauberwort „Entschlackung". Klingt es nicht wie ein Jungbrunnen, wenn gerade die belastenden Dinge unseres Körpers scheinbar problemlos mit den überflüssigen Pfunden abgegeben werden können? Und weil es so gut klingt, lassen sich auch gute Geschäfte machen.

Wieviele Kuren, wieviele Diäten, wieviele Schriften überfluten auf der Grundlage derart falscher Angaben den Markt. Verbreitung solcher Dinge schätze ich ebenso als fahrlässig ein wie den Einsatz von Medikamenten ohne ausreichende Überlegung und wider geltende Sicherheits-Vorschriften.

Beide Male werden unverantwortlich schädliche Wirkungen auf Menschen hingenommen. Für unsere weiteren Überlegungen bleibt die Einsicht der „entschlackenden" Gewichtsreduktion als belastender Prozeß wichtig. Dies gibt aber nur den physiologischen Aspekt wieder. Lediglich der Körper ist gemeint.

Daß unser Leben bei aller Haftung am Körperlichen auch andere Dimensionen aufweist – nennen wir's Seele, nennen wir's Geist – dürfte allen ohne weitere Belege zu vermitteln sein.
Bevor wir uns dieser ebenso wichtigen Dimension zukehren, gilt es, noch ein anderes Thema anzusprechen.

Übergewichtig = krank? Das Märchen vom Schlanksein.

Bislang betrachteten wir lediglich Stoffwechsel-Prozesse und meinten in erster Linie die Vorgänge beim Gesunden. Wir können das nicht ohne Einschränkung auf einen übergewichtigen Menschen anwenden.

Kann der denn noch als gesund bezeichnet werden? Die heute auch die Laienpresse durchziehende Analyse des Risikoprofils eines Lebens läßt daran zweifeln.

Selbst wenn das Körpergewicht normales Maß nur unwesentlich übersteigt, kann sich ein Betroffener höchst unwohl fühlen. Unangenehm, wenn die Kleider hauteng sitzen und immer wieder kneifen. Entmutigend, wenn Freunde und Kollegen zu verstehen geben, daß sie die angesammelten Fettpolster wenig attraktiv finden. Diese bedrückenden Erlebnisse erschüttern nicht nur die Gesundheitsdefinition der Weltgesundheitsorganisation, WHO. Die meisten empfinden den quälenden Drang notwendiger Gewichtsabnahme auch selbst nicht als Ausdruck guter Gesundheit. Deswegen wollen wir überlegen, wie bei Übergewicht zu verfahren ist.

Ein Obsttag tut gut!

Wenn die Waage nach kalorienreichen Wochenenden oder Feiertagen ein, zwei Pfund zuviel anzeigt: Machen Sie einen Obsttag. Obst enthält viel Vitamine, Ballaststoffe und wirkt durch seinen hohen Gehalt an Kalium entwässernd.

Ein Kilo pro Tag darf es sein.
Wählen Sie aus folgenden Sorten (der Kaloriengehalt pro Pfund in Klammern):

Äpfel (250)
Ananas (150)
Bananen (330)
Birnen (260)
Erdbeeren (180)
Johannisbeeren (250)
Honigmelonen (90)
Wassermelonen (55)
Kirschen (260)
Orangen (195)
Pfirsiche (210)
Pflaumen (290)
Mandarinen (220)
Weintrauben (245)

Für die meisten Menschen unserer Gesellschaft bedeutet Gewichtszunahme mindestens ein Alarmzeichen. Einigen wird der ganze Tag, vielleicht auch die Woche verdorben, wenn sie am Montag auf der Waage feststellen: Ich habe zugenommen!

Verstärkt wird der Eindruck durch Blick in die Tageszeitung, wo meist schlanke, junge Leute die Werbeanzeigen bevölkern. Auch vielfältige Hinweise mit Aufforderung zu Diät, zu körperlicher Aktivität und nicht zuletzt mitleidige Blicke des Verkäufers im Modegeschäft können die pessimistische Bewertung der Gewichtszunahme weiter betonen.

Dabei stellt die Zunahme des Körpergewichtes für sich alleine betrachtet nichts Negatives dar. Vor wenigen Jahrzehnten veröffentlichte die deutsche Ärzteschaft eine besorgte Stellungnahme wegen der Unterernährung der Nachkriegsbevölkerung. Nach einer Operation achten viele Patienten, insbesondere solche mit Tumorleiden, auf einen Gewichtsanstieg und setzen das zunehmende Körpergewicht mit Besserung gleich.

Wir sehen, daß Gewichtszunahme offenbar etwas Relatives darstellt.
Und wenn darüber hinaus ein kleiner Gewichtszuwachs (etwa nur über ein Wochenende) die Stimmungslage erwachsener Menschen deutlich verschlechtert, dann scheint mehr dahinterzustecken als einige Kalorien.

Wie sich leicht aufzeigen läßt, wird überwiegend kein tatsächlicher Befund, beispielsweise Gewichtszuwachs von 1.3 Prozent bewertet. In Schrecken versetzten mehr die befürchteten Auswirkungen auf das Schönheitsideal unserer Zeit. Solche Ideale, das wissen wir alle, sind wandelbar und oft sehr unterschiedlich. Im Zeitalter des mannequinvermittelten Umsatzes der Bekleidungsindustrie gelten Rubens und die Schönheiten seiner Zeit als „out". Der „stattliche" Mann der Jahrhundertwende macht keinen Stich gegen den beturnschuhten Windhund, der sich das Sattessen verweigert.

Schwierig wird es, wenn Schönheitsideale in wissenschaftsgläubiger Zeit durch vermeintlich exakte Aussagen gestützt werden. Meist verbirgt sich hinter solchen Bemühungen eine Ideologie („Schlankheitswahn"), die gleichwohl versucht, ihr Ziel objektiv zu rechtfertigen. Oft geschieht das über Meßgrößen („Idealgewicht"), die ohne klare Begründung in den Raum gestellt werden. Man wiederholt dieselben dann so oft, daß schließlich jeder sie für bewiesen ansieht.
Natürlich wird so eine Scheinwahrheit durch bloße Wiederholung nicht richtiger. Allein, die öffentliche Meinung hat den Begriff mittlerweile aufgenommen, gebraucht ihn, ohne ihn noch kritisch zu überprüfen.

Wieviel darf es sein - beim Körpergewicht?

Idealgewicht – wie sieht es heute aus?

Jahrelang waren Normalgewicht und Idealgewicht klar definiert: Das Normalgewicht (nach Broca) errechnet sich, indem man Körpergröße in Zentimetern 100 abzieht. Eine 1,70 Meter große Frau hat demnach bei 70 Kilo ihr Normalgewicht (gilt für Männer genauso). Fürs Idealgewicht ziehen Männer noch mal 10, Frauen 15 Prozent ab.

Heute weiß man, daß diese Werte für stärker gebaute Menschen ein schier unerreichbares Ideal sind. Daher gilt das „Wohlfühlgewicht", dessen Spannbreite von „unter Idealgewicht" bis „über Normalgewicht" reicht. Von Übergewicht spricht man erst, wenn das Normalgewicht um 15 bis 20 Prozent überschritten wird. Dann sollte man aus gesundheitlichen Gründen abnehmen.

Hinterfragt man, etwa durch Vergleich von Versicherungsstatistiken (welche die härtesten Daten liefern), den Begriff „Idealgewicht", wird man ihn alsbald schwinden sehen. Damit will ich keiner Bewegung zur Rettung von Fettpolsterrn zum Sieg verhelfen. Es ist jedoch unstrittig, daß von der Lebenserwartung bis zu den Chancen bei Operationen Gewichtsklassen günstig sind, die von der Modeindustrie durchweg nur belächelt werden.

Was also kann als normales Körpergewicht gelten? Da wir uns hier mit dem Fasten beschäftigen, reicht es aus, Grenzbereiche nach oben zu ziehen. Hier gilt für mich die alte Regel der Körpergröße in Zentimetern minus 100. Das würde für einen Mann von 175 cm Körpergröße 75 kg bedeuten. Noch nicht berücksichtigt ist hierbei das Geschlecht. Überall wird nämlich akzeptiert, daß bei gleicher Körpergröße das Gewicht von Männern über dem von Frauen liegen darf, was mit der größeren Muskelmasse bei Männern zusammenhängt.
Natürlich läßt dies einen Einwand zu: Eine vergleichbar große, durch Body-Building gestählte Frau hat mehr Muskeln als ein schmalbrüstiger männlicher Stubenhocker mit Bauchansatz. Dieses Beispiel widerlegt aber keinesfalls unsere Regel. Es zeigt nur, daß die oben aufgeführte, recht unmodische obere Gewichtsgrenze berechtigt ist. Manch eine(r) hat sicherlich über diese Ausführungen die Nase gerümpft. Heutzutage ziehen doch viele von dem Gewicht Körpergröße minus 100 noch 10 Prozent für Männer und 15 Prozent für Frauen ab. Hier interessiert uns aber nicht die Annäherung an ein fiktives Gewicht, das für unterschiedliche Menschen doch nicht zutrifft. Wir wollen Stellung nehmen, wann Fasten aus körperlichen Gründen berechtigt ist.

Zur Beeinflussung von Fieber geben wir ja auch nicht eine Zieltemperatur an („ab 38.8 Grad gibt's eine Tablette"). Wir nennen vielmehr einen Bereich (39 - 39.5 Grad), ab dem wir durch fiebersenkende Maßnahmen einem Patienten eindeutig nützen können. Auch hier bleibt ein individueller Spielraum. Dieser wird wesentlich vom Gesamteindruck unseres Patienten beeinflußt. Leidet der Patient an starken Kopfschmerzen, ist er unruhig und weist noch andere Krankheitssymptome auf, werden wir ein Fieber von 39 Grad senken, das wir bei einem kaum beeinträchtigten Patienten durchaus noch hinnehmen.
So auch beim Körpergewicht. Das vorhin angesprochene Normalgewicht läßt keine Karriere als Modepüppchen erwarten. Man wird aber aus medizinischer Sicht deswegen nicht auf Gewichtsreduktion drängen. Sogar zehn bis fünfzehn Prozent nach oben kann dieses Gewicht noch klettern. Erst dann wird die Grenze erreicht, wo man aus belegbaren Gesundheitsgründen zumindest weiteren Gewichtszuwachs verhindern sollte.

Neben diesem, allein auf eine Meßgröße ausgerichteten, Verfahren gibt es noch andere, mindestens ebenso wichtige Argumente fürs Abnehmen.
Wenn Sie sich bei Erreichen des Normalgewichtes nicht mehr wohlfühlen, müssen Sie gegensteuern. Dieser Eindruck entsteht oft dann, wenn das Normgewicht relativ schnell über eine Gewichtszunahme erreicht wird.
Auf Treppen, die früher mühelos zu bewältigen waren, verspürt man jetzt Atemnot. Vormals locker sitzende Kleidungsstücke spannen und erinnern uns bei jeder Bewegung an die Gewichtszunahme.
Diese Beeinträchtigung des Lebensgefühls stellt für mich mehr Grund dar, Fastenkuren oder Diätpläne aufzustellen als wenig besagende Gewichtszahlen, von denen vorher die Rede war.

Natürlich sollte diese Beeinträchtigung genuin sein, das heißt, ein ursprüngliches Gefühl des Betroffenen ausdrücken. Eingeredete Gewissensbisse, die eher einer Mode-Ideologie folgen als der persönlichen Meinung entsprechen, sind ein schlechter Grund fürs Heilfasten, ja schließen dieses sogar aus. Davon werden sie noch später hören, wenn es um die wichtigen nicht-körperlichen Aspekte des Heilfastens geht.

Was sollten Sie wiegen?

Die folgenden Tabellen geben Ihnen einen ungefähren Anhaltspunkt und berücksichtigen schlankeren bzw. stärkeren Körperbau.

Männer

Größe cm	Min. kg	Idealgewicht Mittelwert kg	Max. kg
155	50,4	54,2	58,2
156	51,1	55,0	59,2
157	51,7	55,8	60,1
158	52,4	56,6	61,1
159	53,1	57,5	62,0
160	53,7	58,3	63,0
161	54,4	59,1	63,9
162	55,1	59,9	64,8
163	55,7	60,7	65,8
164	56,4	61,6	66,7
165	57,0	62,4	67,6
166	57,7	63,2	68,6
167	58,4	64,0	69,5
168	59,0	64,8	70,5
169	59,7	65,6	71,4
170	60,4	66,4	72,3
171	61,0	67,2	73,3
172	61,7	68,0	74,2
173	62,4	68,8	75,1
174	63,1	69,5	75,9
175	63,8	70,2	76,6
176	64,5	70,9	77,4
177	65,2	71,6	78,1
178	65,9	72,4	78,8
179	66,5	73,1	79,6
180	67,2	73,8	80,3
181	67,9	74,5	81,0
182	68,6	75,2	81,8
183	69,3	75,9	82,8
184	70,0	76,6	83,3
185	70,6	77,3	84,0
186	71,3	78,0	84,8
187	72,0	78,8	85,5
188	72,7	79,5	86,2
189	73,3	80,2	87,0
190	74,0	80,9	87,7
191	74,7	81,6	88,4
192	75,4	82,3	89,2
193	76,1	83,0	89,9
194	76,8	83,7	90,6
195	77,4	84,4	91,3

Frauen

Größe cm	Min. kg	Idealgewicht Mittelwert kg	Max. kg
145	41,7	45,8	49,6
146	42,2	46,1	50,1
147	42,7	48,7	50,6
148	43,2	47,2	51,2
149	43,8	47,7	51,7
150	44,3	48,2	52,2
151	44,8	48,8	52,7
152	45,3	49,3	53,3
153	45,8	49,8	53,8
154	46,4	50,3	54,3
155	46,9	50,9	54,9
156	47,4	51,4	55,4
157	47,9	51,9	55,9
158	48,4	52,5	56,5
159	49,0	53,1	57,2
160	49,5	53,8	57,9
161	50,0	54,4	58,5
162	50,5	55,0	59,2
163	51,1	55,7	59,9
164	51,7	56,3	60,5
165	52,4	56,9	61,2
166	53,0	57,6	61,9
167	53,6	58,2	62,5
168	54,3	58,8	63,2
169	54,9	59,4	63,9
170	55,5	60,0	64,5
171	56,1	60,7	65,2
172	56,8	61,3	65,8
173	57,4	62,0	66,5
174	58,0	62,7	67,3
175	58,6	63,4	68,1
176	59,3	64,1	68,9
177	59,9	64,8	69,7
178	60,5	65,6	70,5
179	61,1	66,2	71,3
180	61,8	67,0	72,1
181	62,4	67,7	72,9
182	63,0	68,4	73,7
183	63,6	69,1	74,5
184	64,3	69,8	75,3
185	64,9	70,5	76,1

Wenn Sie mit den Normal- und Idealgewichts-Tabellen nichts anfangen können, probieren Sie's mal mit folgender Rechenformel:

Den Brustumfang messen, und zwar einmal nach tiefem Ein-, einmal nach tiefem Ausatmen.
Den Mittelwert mit der Körpergröße in Zentimetern multiplizieren und das Ganze durch 240 teilen.
Heraus kommt ein Sollgewicht, das den jeweiligen Körperbau berücksichtigt.

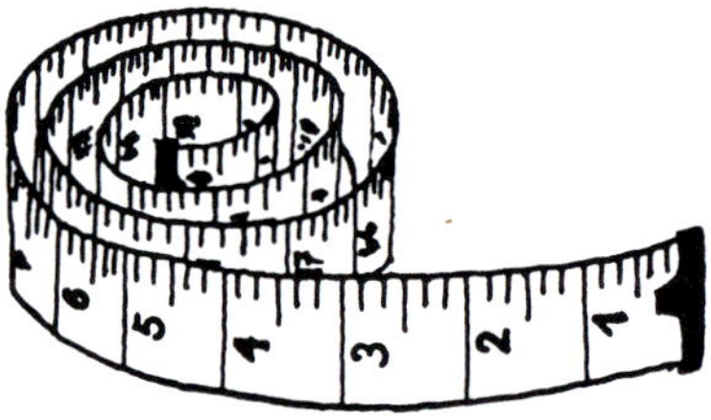

Der Body Mass Index

Etwas realistischer als das übliche Normal-, Idealgewicht-Schema ist der sogenannte BMI (Body Mass Index), also eine Maßeinheit, die die Körpermasse feststellt. Man berechnet den BMI, indem man Körpergewicht in Kilogramm durch die Körpergröße in m^2 teilt.

Beispiel:
Eine 1,72 Meter große Frau wiegt 63 Kilo. Ihr BMI

$$\frac{63}{1{,}72 \times 1{,}72}$$

liegt bei 21,29.

Das bedeutet:

BMI 18 – 25 = normalgewichtig
BMI 25 – 30 = leicht übergewichtig, bei gesundheitlichen Auswirkungen abnehmen
BMI über 30: dringend abnehmen

Fasten - wann und wie?

Zunächst wollen wir aber unsere Betrachtung der körperlichen Seite vervollständigen. Dabei meine ich gar nicht mögliche organische Ursachen einer Gewichtszunahme. Sie reichen von Funktionsstörungen der Schilddrüse und Nebenniere über Hirnerkrankungen bis hin zu Nebenwirkungen vieler Medikamente.

Wenn tatsächlich kräftiges Übergewicht vorliegt (mehr als das Normgewicht + 30 Prozent) oder wenn ohne überzeugende Erklärung ein stets zunehmendes Körpergewicht über längeren Zeitraum auffällt, müssen solche Krankheiten als Möglichkeit bedacht werden. Vor einer etwaigen Gewichtsreduktion ist in diesen Fällen eine ärztliche Untersuchung nötig. Obwohl ich selber in meiner ärztlichen Tätigkeit immer wieder solche mit Übergewicht verbundenen Krankheiten antreffe, möchte ich in diesem Buch doch ausschließlich von der selbständig durchgeführten, ärztlich nicht überwachten Gewichtsreduktion sprechen. Wer will die Unterscheidung aber genau treffen?

Wann ist die ärztliche Begleitung erforderlich, wann verzichtbar?
Man kann jede Gewichtsabnahme theoretisch so verkomplizieren, daß tödliche Gefahren drohen, wenn die Maßnahme ohne Überwachung eines Arztes durchgeführt wird.
Hier muß man freilich kritisch anmerken, daß Gefahren auch mit Arzt drohen können. Ob letzterer sie tatsächlich individuell abschätzen und dann auch noch abwenden kann, sei dahingestellt. Immerhin bleibt die Frage zwischen „normalem" Übergewicht und überwachungsbedürftiger Gewichtsabnahme.

Wenn keine Krankheitssymptome vorliegen und das Übergewicht 30 Prozent des Normalgewichtes nicht übersteigt, kann die Fastenkur ohne weitere Untersuchung und Überwachung durchgeführt werden (also bei 170 Zentimetern Körpergröße 70 Kilo als Normalgewicht plus 21 Kilo als 30 Prozent Zuschlag; unorthodox will ich gar keinen Unterschied zwischen den Geschlechtern treffen. Wenigstens hier gilt Gleichberechtigung).

Bestimmte Verhaltensweisen müssen jedoch beherzigt werden (davon später ausführlich im praktischen Teil), etwa ausreichende Flüssigkeitszufuhr.
Unser Heilfasten dauert außerdem nur eine Woche, was praktische Gründe hat. Damit sind zugleich wesentliche Gefahrenmomente vermieden, wie sie wochen-, ja monatelange Fastenkuren mit sich bringen. Ich beschreibe hier eine „Kur für Jedermann".

Das kennzeichnet auch meine Auffassung vom Heilfasten als „menschlicher Möglichkeit". Es kann kein Eliteanspruch abgeleitet werden. Dies klingt natürlich wenig exklusiv. Besonderes Ambiente findet sich ja auch nicht in diesem Buch. Hierfür stünde Ihnen eine beachtliche Anzahl von spezialisierten Instituten zur Verfügung, in denen Sie beträchtliches Geld loswerden können. Ich bestreite keineswegs, daß solche oft ausgeklügelten Kuren ihr Geld wert sind. Allerdings halte ich den Aufwand für zu hoch.
Etwa so, als kauften Sie ein Luxusauto für die tägliche Fahrt zum Arbeitsplatz, der drei Kilometer von Ihrer Wohnung entfernt liegt. Machen läßt sich das natürlich, mir erscheint es verschwenderisch.
In diesem Sinne wird dieses Buch praktische Anleitungen zu einer wesentlich billigeren Alternative geben.

Nebenbei liegt meines Erachtens bei den wohlorganisierten, wohlbezahlten Kur-Instituten ein Widersinn beim Heilfasten vor: Mit einigem finanziellen Aufwand werden vermeintliche Schäden aufgefangen (Übergewicht, „Schlakken"), die durch eine Überlastung im Alltag entstanden sind. Streß, um hier dieses recht nichtssagende, aber (zu) oft verwendete Wort einmal anzubringen, Streß führt ja häufig zu unüberlegter Ernährung. Diese bedeutet so gut wie immer ein kalorisches Überangebot, nicht zuletzt, weil mit dem Essen ein gewisses Abreagieren einhergeht.

Für diese tagtäglich zu beobachtenden Zusammenhänge muß die Tiefenpsychologie mit „oraler Ersatzbefriedigung" nicht unbedingt bemüht werden.
Die Folge des Ganzen – das Übergewicht – wird dann unter Verbrauch des Geldes, das im streß-belasteten Alltag erworben wurde, wieder abgebaut.
Damit schließt sich der Kreis. Die Fastenübungen finanzieren sich also aus ihren eigenen Ursachen. Geschickt hat dies eine mittlerweile ausgedehnte Gesundheitsindustrie erfaßt.

Ich will dem nichts Grundsätzliches entgegenhalten. Jeder soll nach der eigenen Fasson selig werden, war schon eingangs unser Motto.

Andererseits sehe ich aber nicht ein, warum diese teuren Fastenwege die einzigen zum „Heil" darstellen sollen. Die weitgehende Beschränkung des Zivilisationsmenschen auf seinen Körper, den er vom Alltag gequält in einer Gesundheitsfabrik unter Verwendung von Urlaub und Geld wiederherzustellen glaubt, verlangt eine echte Alternative. Diese eignet sich nicht für aufsehenerregende Hinweise („...entschlacke in der berühmten Klinik von Prof. XY..."). Meinen Vorschlag dagegen kann jeder durchführen, der bereit ist, eine Woche Urlaub aufzuwenden.

Wir sehen: Mit Annäherung an praktische Fragen wird's komplizierter. Ähnlich wie die guten Vorsätze noch leicht über die Lippen kommen, solange Sahnetorte oder Schweinshaxe nicht vor uns stehen.

Wir wollen deswegen das Fasten zunächst alleine betrachten.

Heilfasten ist nicht nur ein längerer, sondern auch umfassenderer Begriff. Dadurch entstehen zusätzliche Schwierigkeiten, so daß wir erst nach dem „einfachen" Fasten darauf zurückkommen werden.

HEILFASTEN

Vom Fasten zum Heilfasten

Wir haben jetzt von der Vermarktung des (Heil-)Fastens gehört – ein Wort, das Widerspruch in sich trägt. Auch Gesundheit läßt sich nicht kaufen. Dabei können wir aber einen entscheidenden Beitrag selbst leisten – durch überlegte Lebensweise, durch Beachten von Risikofaktoren, durch regelmäßige Vorsorge-Untersuchungen. Eine Garantie für anhaltende Gesundheit ist dadurch nicht zu erreichen. Immerhin – die genannten Bemühungen stellen einen ganz wesentlichen Beitrag zur Aufrechterhaltung unserer Gesundheit dar.
Ähnliches gilt für das Heilfasten. Auch hier können wir keinen einklagbaren Vertrag schließen, der uns bei Mißerfolg entschädigt. Wir sind aber in der Lage, durch eigenen Beitrag das Ziel verläßlicher zu erreichen. Wer kann sich nun zur Startlinie begeben?

Einmal alle, die das Normalgewicht überschritten und daher medizinische Gründe haben, Heilfasten auszuprobieren.
Darüber hinaus, wer den Eindruck gewonnen hat, durch Gewichtsreduktion ließe sich das Lebensgefühl verbessern. Das gilt auch für Leute, die sich jetzt schon gut fühlen. Warum sollte sich nicht auch das noch verbessern lassen?

Damit spreche ich einen Konflikt an, der sich erst auf den zweiten Blick erfassen läßt. Das Fasten wird medizinisch definiert. Eine klare Absicht: Die Gewichtsreduktion. Ein deutlicher Weg: Diätpläne, um das Ziel zu erreichen.
Und überprüfbare Kontrollen: Die Diäten geben Kalorienzahlen an. Sie liegen tunlichst unter dem individuell verschiedenen Kalorienverbrauch. Wenn eine angenommene, niedrige Kalorienzahl tatsächlich greifen soll, muß die Waage den Fortschritt belegen. Kontrolle also.

So gründet sich das rein körperlich ausgerichtete Fasten auf rationale Aspekte. Es wird von Vernunftgründen beherrscht und überwacht. Damit bahnen sich Schwierigkeiten zu derjenigen Einstellung an, die gefühlsmäßig zum Heilfasten drängt.

Wie schon angedeutet, versuchen hierbei normalgewichtige Menschen ihr Lebensgefühl noch zu verbessern. Emotionale Faktoren geben häufig den Ausschlag. Der Konflikt stellt sich also zwischen der Ratio – den Vernunftgründen – und der Emotion, die gefühlsmäßig vorgeht.
Letztere treibt sicher nachhaltig die Motivation zum Fasten an.

Soll man beide Wege nebeneinander stehenlassen, auch auf die Gefahr hin, daß die gegensätzlichen Standpunkte einander zu verdrängen suchen? Doch das Nebeneinander, um nicht zu sagen Gegeneinander, muß nicht sein. Zwanglos lassen sich die scheinbaren Gegensätze zusammenführen.

Zweifellos muß die Ratio, die vernünftige, auch naturwissenschaftliche Modelle betrachtet, die führende Rolle beim Fasten spielen. Die körperliche Seite hat klare Zahlen-Vorstellungen: das Gewicht muß nach unten. Auch die schönste Gewichtsabnahme vermag jedoch nicht das Lebensgefühl entscheidend zu verbessern. Und hier liegt ein wesentlicher Punkt.

Nur um einige, anscheinend verbesserte Zahlen anbieten zu können, lohnt der Aufwand nicht. Das Lebensgefühl zu steigern ist entscheidend. Das Gefühl steht also bei unserer Betrachtung über der Vernunft.

Hierzu müssen wir die Ebene des reinen Fastens verlassen. Nun tritt das Heilfasten auf den Plan. Es ist auf die körperliche Dimension des Fastens angewiesen. Aber gleichzeitig übersteigt Heilfasten das reine Gewichtabnehmen erheblich. Damit haben wir den vermeintlichen Gegensatz von Fasten und Heilfasten aufgehoben. Beide hängen bei aller Verschiedenheit eng zusammen.

Natürlich können Sie fasten ohne jeden Zusatzaspekt. Die Erfahrung zeigt jedoch, daß abzielen auf reine Gewichtsreduktion ohne entsprechenden geistigen Hintergrund (Sie können das modern Motivation nennen) zwar hier und heute ausreicht. Schon morgen kommt es zum Rückfall. Wieder Gewichtszunahme. Und das nicht von ungefähr. Nach Ende der gerade durchgehaltenen Gewichtsabnahme besteht keine innere Spannung mehr, kein Rückhalt, die Reduktionsdiät glich einer heruntergespulten Formel.
Nach Abschluß der Diät wird die Formel zur Seite gelegt. An den Lebensgewohnheiten des Alltags wie streßbedingter Zufuhr überreichlicher Kalorien hat sich nichts, gar nichts geändert. Das alleinige Fasten scheitert damit oft vorhersehbar.
Um dieses Problem zu vermeiden, ja um zusätzlichen Gewinn zu erwirken, stellt sich uns das Heilfasten vor. Es bietet die Möglichkeit, über aktuelle Gewichtsreduktion – Fasten bleibt ja ein wichtiger Teil des Heilfastens – längerfristig den Fastenerfolg zu stabilisieren, ja zu steigern: Verbesserung des Lebensgefühls als Frucht beim Heilfasten.
Im Vordergrund des Heilfastens also steht unser Fühlen. Ziel ist es, sich besser zu fühlen. Fühlen Sie sich schlecht, haben Sie einen guten Grund zum Heilfasten. Resultiert dieses „Ungefühl" gar aus dem Eindruck, zu dick zu sein, kommt noch ein guter Grund hinzu.
Fühlen Sie sich dagegen gut, wird Ihnen niemand Heilfasten aufzwingen wollen. Grund, es abzulehnen, besteht ebensowenig. Wer sich gut fühlt, kann sich meist auch noch besser fühlen.

Voraussetzungen

Man kann sich schlecht fühlen und kennt den Grund dafür: eine Krankheit. Dabei möchte ich gar nicht zwischen Herz-, Nieren- oder Lebererkrankung unterscheiden. Krankheit bedeutet vielfach ein Ungleichgewicht im Organismus, meist eine zusätzliche Belastung.

Heilfasten kann auch hier günstig wirken, manchmal stellt es sogar einen wichtigen Baustein im Behandlungsplan einer Erkrankung dar. Bevor Sie sich als Kranke oder Kranker für Heilfasten entscheiden, rate ich Ihnen, bei einem Arzt nachzufragen, der für die Beurteilung dieses Problems genügend Kenntnis und Erfahrung besitzt.

Oft kann Ihr Arzt dann auch bei einer bestehenden Erkrankung Heilfasten empfehlen. Vielleicht wird er Ihnen vorschlagen, den Zeitpunkt zu verschieben; vielleicht gibt er Ihnen auch gezielte Empfehlungen, die mit Ihrer Krankheit zusammenhängen.

Einen entsprechend kundigen Arzt sollten Sie auch fragen, wenn (noch) keine Erkrankung festgestellt wurde, Sie aber schon Anzeichen spüren, daß in Ihrem Körper etwas nicht stimmt:
Seit Monaten Ermüdbarkeit schon bei mittlerer Belastung, die Sie früher nicht kannten;
zwischendurch Druckgefühl im Brustbereich, das nach einigen Minuten von selber wieder nachläßt;
Schwierigkeiten beim Wasserlassen auch ohne Schmerzen, was Ihnen noch vor einem Jahr unbekannt war.

Auch bei vermeintlich geringfügigen Symptomen ist ein zusätzliches Versichern der Entscheidung zum Heilfasten durch ärztliche Kontrolle anzuraten. Natürlich können Sie auch grundsätzlich vorher eine orientierende Durchuntersuchung anberaumen.
Ab dem 40. Lebensjahr empfiehlt sich das ohnehin jährlich. Damit soll aber nicht durch die Hintertür gefordert werden, daß vor dem Heilfasten generell eine ärztliche Untersuchung nötig wird. Unser Körper meldet sich durchweg von selber, wenn sein Gleichgewicht gestört wird. Wir müssen aber auf seine Signale hören.

Als Altersobergrenze für Heilfasten empfinde ich 70 Jahre.
Sie merken: Der Zeitpunkt wurde recht willkürlich gewählt. Aber dieses Alter stellt einen gewissen Einschnitt bei den Stoffwechselabläufen dar. Die laufen dynamisch ab. Schon deshalb kann eine starre Altersgrenze angezweifelt werden.

Diese Bewegung im Stoffwechsel unterscheidet 69- und 70jährige nicht wesentlich voneinander. Zudem sprechen wir häufig vom „biologischen Alter". Das meint dann, ein 55jähriger, der raucht und trinkt sowie Sport ablehnt, verfügt oft über eine schlechtere Körperlichkeit als ein 70jähriger, der sich – zurückhaltend gegenüber Genußgiften – fit hält. Entscheidender als das Lebensalter in Jahren ist also der Zustand des Einzelnen.

Krankheit als ein veränderter Zustand unseres Körpers wurde bereits angesprochen.
Keine Krankheit, aber eine weitere Zustandsänderung stellt die Schwangerschaft dar („andere Umstände"). Hier rate ich grundsätzlich vom Heilfasten ab. Bestimmte Diäten auf Rat des betreuenden Frauenarztes können bei manchen Schwangerschafts-Problemen sehr hilfreich sein, etwa bei Komplikationen mit Wassereinlagerung.

Fasten und damit auch Heilfasten stellen in der Schwangerschaft jedoch stets einen Mangel für Mutter und Kind dar. Belastet wird der Organismus durch die Schwangerschaft ohnehin erheblich. Da verbessert Zusätzliches wie Heilfasten nicht, im Gegenteil, es schafft Gefahren.

Das neue Konzept

Also doch: Heilfasten als Belastung. Hier will ich mein Konzept vom Heilfasten als sinnvollem Tun zugunsten des ganzen, gesunden, wenn auch vielleicht übergewichtigen Organismus entwerfen.

Auf der einen Seite eine gewisse körperliche Belastung durch im Fasten anfallende Schlacken. Andererseits ein Herabstimmen der stets beanspruchten, nicht selten überforderten Körperfunktionen im Alltagsleben. Zusätzlich – und das bildet den wichtigen Ausgleichspunkt über alle Saftkuren hinaus – Entlastung des seelisch-geistigen, wenn Sie wollen, auch spirituellen Bereiches in unserem Leben durch Abschalten von der Alltags-Monotonie und dosierte Belastung mit geistiger Tätigkeit.

Damit sehen wir auf der körperlichen Seite die Belastung (Schlacken) als Grundgegebenheit des Fastens. Diese Beanspruchung beschränken wir mit einer durchdachten Diät. Außerdem halten wir sonstige Anforderungen (große körperliche Anstrengung, Termindruck im Beruf u.ä.) fern.

Auf der geistigen Ebene verhält es sich gerade umgekehrt. Durch die bewußte Abkehr vom Alltag entlasten wir uns während der Heilfastenwoche. Eine dosierte Belastung wird jedoch als erwünscht herbeigeführt, sei es als Musikstunde, als bildnerisch-handwerkliche Tätigkeit oder als Beschäftigung mit Büchern.

In diesem Wechselspiel von Be- und Entlastung (körperlich genau umgekehrt wie im spirituellen Bereich) liegt auch ein Reiz dieses Heilfastens. Ich habe ihn erstmals vor etwa 20 Jahren auf einer Reise zum heiligen Berg Athos erfahren. Davon werde ich noch berichten. Dieses Konzept vom Heilfasten läßt sich ohne zu große Mühe auf unser Leben hier übertragen.

Wie bereits kurz angesprochen, erfordert das keine wesentlichen finanziellen Mittel. Aufwand läßt sich jedoch nicht umgehen, wenn wir etwas erreichen wollen. Allein, dieser Aufwand erwächst zeitlich. Mein Konzept des Heilfastens bringt keine Erfolge als gerade noch durchgehaltenes Anhängsel an die normale Tagesbelastung. Auch ein Umschichten der Schwerpunkte (in erster Linie Fasten, wenig Bereitschaft für den Weg zu sich selbst) hindert eher.

Am besten, Sie nehmen für Ihren Heilfastenplan Urlaub.
Ja, wie ein Reiseveranstalter wirbt:
für die wertvollsten Wochen des Jahres.

Die Zeit zum Heilfasten

Entringt sich Ihnen, liebe Leserin, lieber Leser, jetzt ein Stöhnen: Ja, muß das denn sein mit dem Urlaub? Vielleicht ließe sich auf Teneriffa mit Tennis, Golf und Baden auch eine erfolgreiche Gewichtsreduktion vorantreiben.
Bei ausgiebiger sportlicher Betätigung könnte man eventuell und nur ab und zu – versteht sich – auch am Büffet des Hotels etwas sündigen, ohne daß dies gleich allzu stark zu Pfunde schlüge.

Wenn dieser Gedanke für Sie einer echten Überlegung wert ist, dann fahren Sie hin. Verschieben Sie das Heilfasten. Es ist Ihnen noch nicht wichtig genug. Lesen Sie trotzdem das Buch zu Ende. Nicht, weil ich Sie auf den nächsten Seiten endgültig zum wahren Heilfasten bekehren will. Sie sollen sich vielmehr ein vollständiges Bild machen. Erst dann nämlich können Sie sich wirklich und damit richtig entscheiden.

Günstig fürs Heilfasten fällt zumindest ein zeitlicher Vergleich aus.
Für Teneriffa sollten Sie mindestens zwei Wochen aufwenden.
Der Heilfastenplan umfaßt eine Woche, nicht mehr. Sie können auch versuchen abzukürzen (vier Tage). Ich rate Ihnen hiervon ab. Zumindest beim ersten Mal halte ich Heilfasten über eine ganze Woche für wichtig.

Weil wir gerade einen Zeitplan aufstellen: wie oft empfiehlt sich Heilfasten in dieser Art?
Als Richtmaß gilt einmal im Jahr, höchstens aber zweimal. In diesem Fall bitte nicht kurz hintereinander, sondern mit mindestens vier Monaten Abstand.
Die Zeitempfehlung betrifft nur das Heilfasten. Wenn notwendig können Sie nach der Heilfastenwoche weiter Ihr Gewicht mit entsprechender Diät verringern. Dann empfehle ich Ihnen jedoch ärztliche Aufsicht.
Motiviert für medizinisch begründetes weiteres Abnehmen sind Sie durch die Heilfastenwoche sicher in besonderem Maße.

Wir haben in der Heilfastenwoche zwei ganz verschiedene, sich teils ergänzende, teils widersprechende Bereiche menschlichen Lebens zu beachten: den körperlichen und den seelisch-geistigen.

Für den körperlichen Bereich führe ich hier lediglich noch einige allgemeine Anhaltspunkte auf. Die Einzelheiten entnehmen Sie bitte den am Ende des Buches wiedergegebenen Ernährungsplänen. Diese stellen ein „Ungefähr" dar. Es kommt nicht auf eine Kalorie hin oder her an. Das Gesamtkonzept muß stimmen. Die Diätpläne sind doppelt ausgearbeitet. Wie bei der Bundesbahn liegt ein Sommer- und ein Winterplan vor.

Die Aufteilung berücksichtigt das unterschiedliche Nahrungsmittelangebot in den einzelnen Jahreszeiten. Es macht keinen Sinn, im Winter mühselig nach Sommergemüse zu fahnden, nur um einen Ernährungsplan zum Heilfasten buchstabengetreu zu erfüllen. Das wäre zu kostspielig und für Interessenten außerhalb von Großstädten ohnehin schwierig. Das außerhalb der Saison künstlich gezogene Sommergemüse entbehrt häufig ausgewogenen Geschmacks, und wegen meist zu früher Ernte fehlen entscheidende Vitamine. Würden wir uns über naturgesetzte Grenzen wie die Jahreszeiten hinwegsetzen, widerspräche das ja unserem Konzept einer Rückkehr zu sich selbst. Denn Teil der Natur sind wir alle.

Für jeden Fastentag und für jedes einzelne Gericht gebe ich ungefähre Kalorienzahlen an. Dabei können Sie durchaus variieren und die Mengen ändern. Für Ihre erste Heilfastenkur empfehle ich Ihnen jedoch enge Anlehnung an die am Schluß dieses Buches aufgeführten Vorschläge.

Sie werden meiner Erfahrung nach beim ersten Mal genügend mit anderem zu tun haben. Zusätzliche Rechenaufgaben um die Kalorien lenken da mehr ab, als daß sie nutzen. Um die unumgängliche Vorbereitung für den Fastenteil möglichst in den Gesamtablauf einzufügen, sollten Sie vor Beginn der Woche überlegen, welche Nahrungsmittel Sie bereitstellen können, um ständige Besorgungen während der Heilfastenzeit zu vermeiden.

Günstig ist es, die Heilfastenwoche am Sonntag zu beginnen. Samstags zuvor können Sie nach erwähnten Plänen die meisten Nahrungsmittel für die erste Hälfte der Fastenwoche einkaufen. Einschließlich Frischgemüse reicht Ihnen das etwa eine halbe Woche. Der nächste Einkauf findet dann beispielsweise am Mittwoch statt. Die damit verbundene „Zuwendung zur Welt" widerspricht keineswegs dem Fastenkonzept, im Gegenteil erweist sich dieser Einschnitt nach einer halben Woche als günstig.

Wir wollen hier keine Verleugnung des Leibes befördern, der Körper verlangt durchaus angemessene Aufmerksamkeit im Gesamtkonzept.
Die vorgeschlagene Fastenwoche schließt mit dem Samstagabend.
Der folgende Sonntag leitet als letzter Urlaubstag zum Alltag über.
Er gehört nicht mehr zur eigentlichen Fastenwoche.

Darmreinigung: von der Entschlackung zum Lustgewinn

Manche Heilfasten-Methoden leiten mit einer „Darmreinigung" ein. Man soll dabei bereits entschlacken und damit das Wohlbefinden gleich zu Anfang steigern. Über den Unsinn der Entschlakkungs-Theorie für den Stoffwechsel haben wir bereits gesprochen. Auch die Entschlackung durch Abführmaßnahmen (Klistier oder ähnliches) ist nicht anders einzuschätzen. In Wirklichkeit entfernt man mit gewaltsamen Mitteln Dinge, die der Körper von selber ohne Schwierigkeiten abgibt (oder sei es im Falle von Verdauungsproblemen mit Hilfe eines milden Abführmittels).
Im übrigen setzen wir ja einen gesunden Organismus voraus, das heißt auch ohne nachhaltige Störung des Stuhlgangs.

Gewaltsam nenne ich Verfahren, die unkontrolliert größere Flüssigkeitsmengen und Mineralsalze zwangsläufig mit so einem schädlichen Einlauf entfernen. Wenn wir beim Heilfasten beabsichtigen, möglichst schonend mit unserem Körper umzugehen, so verstoßen wir mit Einläufen gleich zu Beginn nachhaltig gegen unsere eigene Grundregel.

Mit der Zwangs-Entleerung zerstören wir aber auch unsere lebensnotwendige Darmflora. Das sind gutartige Bakterien, die viel für die Verdauung in unserem Darm leisten. Sie stellen auch einen wichtigen Teil der Körperabwehr in diesem Bereich dar.

Verschwinden diese Bakterien durch solch unüberlegtes Tun, können unter anderem schwer behandelbare Pilzerkrankungen im Darm auftreten.
Zu Recht wird einem vergleichbar unüberlegten Einsatz von Antibiotika die schädliche Wirkung auf die natürliche Darmbakterien-Flora vorgeworfen.
Beim Heilfasten sollen dieselben Sünden auf einmal günstig wirken!
Spätestens jetzt erkennt jeder, wie unsinnige Vorstellungen mancher Heilfasten-Formen der gut gemeinten Absicht „heil-los" schaden.

Die zweite Aussage zugunsten der Einläufe zu Beginn des Heilfastens spricht von einem angenehmen Entleerungseffekt. Eventuell bestehendes Völlegefühl drückt ja sehr oft Fehlernährung, hektische Lebensweise und Übergewicht aus, alles also Gründe, die zum Heilfasten führen. Sie abzubauen ist Ziel und <u>ein</u> Sinn der Heilfastenkur. Man braucht nicht anfangs mit unverhältnismäßigem Aufwand das Ziel gleich am ersten Tag anstreben.
Warum? Weil wir eben nicht auf dem Leistungsgelände des Alltags sind. Vielmehr wollen wir in Ruhe Gutes für unsere gesamte Person erwirken.

Ein angenehmes Gefühl kann bei der anfänglichen Darmreinigung schon auftreten. Hier müssen aber Hintergründe genannt werden. Unsere Analregion stellt ja eine erogene Zone dar. Denken Sie nur an die Lustempfindlichkeit des Kleinkindes in der Phase der Sauberkeits-Erziehung. Unreflektiert wird dieser Zusammenhang bei falschem Heilfasten ausgenutzt, um gleich zu Beginn lustvolle Gefühle aufkommen zu lassen, ungeachtet der oben beschriebenen Negativfolgen für den Darm.
Lustempfinden verachte ich keineswegs. Für unsere Fastenwoche scheint es mir wenig hilfreich. Es wird unter den genannten Umständen – trotz Urlaubswoche also zu Hause – ohnehin nicht ganz einfach, Reize und Impulse der Umgebung zu vermindern. Die Reizwirkung des Einlaufs läßt sich gut einsparen, um so mehr bei Fehlen jeglichen Vorteils und angesichts gefährlicher Nachteile.

Die Verdauung kann man ankurbeln!

Möglicherweise haben Sie durch die wenige und andere Kost während unserer Fastentage erst mal Probleme mit der Verdauung.
Das ist zwar unangenehm, aber nicht weiter beunruhigend. Es zeigt im Grunde nur, daß sich der Körper auf die neue Eßsituation einstellen muß.

Sie können das Problem leicht in den Griff kriegen, wenn Sie regelmäßig in Joghurt, Quark, Pudding, Suppen etc. einen Eßlöffel Weizenkleie oder Weizenkeime einrühren.
Frisches Obst, also die Zwischenmahlzeiten, regen die Verdauung auch gut an. Genauso wie Bewegung: Morgens vor dem Frühstück ein Dauerlauf oder ein paar Gymnastikübungen am offenen Fenster wirken oft Wunder.

Freiheit und Ordnung - ein Kapitel Praxis

Die bislang notwendigen Zutaten zum Heilfasten:
Eine Urlaubswoche, Diätplan mit entsprechender Einkaufsvorbereitung und das Vermeiden unnötiger Reize.
Letztere können vielfältig sein. Soweit sie den Körper betreffen, werden sie im folgenden angesprochen.

Die Reduktionsdiät stellt eine Belastung des Körper-Stoffwechsels dar, wir sprachen davon. Trotzdem kann sich ein gesunder Organismus dabei wohl fühlen. Ja, zusätzliche körperliche Belastung ist durchaus vertretbar, wenn sie sich in bestimmten Grenzen hält.

Der Vorschlag zu begleitender, mäßiger und gleichmäßiger körperlicher Beanspruchung soll kein Ablenkungsmanöver darstellen.
„Ich nehme besser ab, wenn ich mich ablenke", lautet ein häufiger Trugschluß. Dabei stellt man sich der Aufgabe Gewichtsreduktion nicht ausreichend. Vielmehr wird versucht, sich an der Natur vorbeizumogeln. Möglichst viel Aktivität soll den Körper vom Hungergefühl ablenken. Solche Pläne halten nicht lange an. Der Körper fordert sein Recht.

Und wenn die Motivation nicht ausreicht und Ablenkungsmanöver notwendig werden, hält man das Heilfasten auch nicht durch.
Außerdem wollen wir gerade nicht den Eindruck erwecken, es ginge um etwas Unangenehmes, bei dessen widerwärtiger Durchführung wir uns ablenken müßten. Die vorgeschlagene Belastung des Körpers soll für Sie positiv wirken.

Sport verbraucht Kalorien

Zwar nicht so viele, wie man denkt, aber es kommt schon was zusammen. Und vor allem: Wer regelmäßig, d.h. mindestens zweimal pro Woche was für die Fitneß tut, dessen Stoffwechsel-Aktivität läuft auf einem höheren Niveau ab. Das heißt, man verbrennt schneller Kalorien als jemand, der tagsüber im Büro und abends vor dem Fernseher sitzt.

Hier steht, wieviel Kalorien der Körper bei den wichtigsten Sportarten jeweils in 30 Minuten verbrennt:

Aerobic	250
Bodybuilding	410
Gymnastik	180
Laufen (langsam)	280
Laufen (schnell)	500
Paddeln (je nach Anstrengung)	100 – 235
Radeln (langsam)	115
Radeln (schnell)	140
Rudern	250 – 300
Segeln	110 – 350
Skifahren	360
Surfen	330
Schwimmen (langsam)	175
Schwimmen (schnell)	225
Tennis	225
Wandern	100

Eine übertriebene sportliche Betätigung in der Zeit des Heilfastens löst über ganz normale Stoffwechsel-Schaltungen vermehrtes Hungergefühl aus.
Wo also liegt die Belastungsgrenze? Spazierengehen und Fahrradfahren ohne wesentliche Anstrengung (grober Anhaltspunkt: nicht ins Schnaufen kommen) empfehle ich als sinnvolle Körperbelastung während des Heilfastens.
Ein Spaziergänger nimmt auch bei stundenlangem Gehen nicht wesentlich ab, der Kalorienverbrauch liegt zu tief. Das braucht uns nicht zu enttäuschen. Betrachten Sie diese körperliche Aktivität als Verbesserung Ihres Wohlbefindens. Den Stoffwechsel beeinflußt sie weder unter dem Gesichtspunkt von Kalorien noch als Fettsenker. Dazu müßten Sie täglich mehrere Stunden deutlich kräftezehrende Sportarten betreiben wie Tennis, Rudern oder Schwimmen.
All das belastet Ihren Körper beim Heilfasten zu stark. Vermeiden Sie es während der ganzen Woche.

Die Körperhygiene verlangt in der Heilfastenwoche keine wesentliche Veränderung. Einschränkungen gegenüber dem Alltag empfehlen sich nicht. Dies weniger aus „Sauberkeitsgründen", sondern weil eine angemessene, hier hygienische Sorge um unseren Körper die Motivation verbessert.
Einen Körper, den ich am Rande liegen lasse, den ich wenig beachte bei meinem Heilfasten-Bemühen, der fügt sich auch nur schlecht in unser Konzept, das körperliche und geistige Aspekte gleichermaßen berücksichtigt.

Wie steht's da mit Sex?
Grundsätzlich kein Einwand beim Heilfasten. Wie andere Dinge auch sollte die Sexualität nicht im Vordergrund stehen. Auch das wäre ein Ablenken, die Zeit der Beschränkung mit Sex zu vertreiben. Sicher können Sie überlegen, ob Sie in der Heilfastenwoche nicht auch sexuelle Askese üben wollen. Ich habe dieses Wort hier absichtlich angeführt, auch um gleich abzugrenzen: Notwendig ist das nicht. Sie können Ihr Verhalten individuell gestalten, wie Sie das beispielsweise auch mit Diätplänen können.

Richtig verstanden haben Sie das, wenn Sie bei Ihrer Planung übermäßige Belastungen (Sport) und Reize (Sexualität) meiden, keine Rekorde anstreben (erfolgreicheres Fasten als Nachbarin oder Nachbar) und keine Zielvorgaben aufrichten (nach der Fastenwoche müssen drei Kilo weg sein).

Mit solchen Verhaltensweisen ziehen Sie nur eine ganze Menge der Zwänge und Belastungen Ihres Alltags in die Heilfastenwoche hinein. Sie müßten diesen unnötigen, selbstgewählten Zielen von Anfang an nachlaufen.
Das läßt Ihnen selber zuwenig Zeit.

Überlegen Sie all das vor der Fastenwoche in Ruhe, planen Sie.
Erstens erleichtert das die Durchführung Ihrer Bemühungen, zweitens gestalten Sie Ihr Vorhaben interessanter, wenn Sie nicht einen mehr oder weniger akzeptierten Diätplan unlustig nachvollziehen.
Sie legen vielmehr gleich anfangs aktiv Hand an, gestalten selber, haben individuelle Freiräume. Das hier vorgestellte Gesamtkonzept gibt Ihnen als Rahmen für die eigenen Bemühungen Orientierungshilfen.

Wurde es Ihnen vor lauter Freiheit und Eigenplanung leicht schwindelig? Keine Angst. Mit den letzten Ausführungen wollte ich nur verdeutlichen, daß Sie bei dem Unternehmen Heilfasten von mir nicht gegängelt werden.
Dieses neue Konzept bietet, zugegeben, viele Freiheiten an. Ich habe ja schon betont, daß nur wenige Grundregeln eingehalten werden <u>müssen</u>, um unser Heilfasten persönlich erfolgreich durchzuführen.

Der breite Ansatz individueller Freiheit soll Ihnen nutzen, Sie nicht ängstigen. Wenn Sie den Rahmen Heilfasten mit eigenen Ideen füllen, begrüße ich Ihre Eigenaktivität.

Wenn die Freiheit der eigenen Fasteneinteilung Ihnen jedoch eher Kopfzerbrechen bereitet, dann halten Sie sich ruhig recht genau an die in diesem Buch ausgearbeiteten Vorschläge und Pläne (siehe Anhang). Sie sind deswegen kein(e) schlechtere(r) Heilfaster(in).

Warum sollten Sie auch beim Betreten des Neulandes keine Karte zu Ihrer Orientierung verwenden?
Sie sehen dann schon, wie es Ihnen zusagt.

Wenn Sie in einem halben oder auch ganzen Jahr erneut eine Heilfastenwoche vorbereiten, haben Sie vielleicht von sich aus Lust, eigene Überlegungen bei der Planung einzubringen und auszuprobieren. Dann nur Mut!
In unserem Heilfastenplan brauchen Sie nicht zu fürchten, ein Abrücken von den „Vorschriften" könnte alles in Frage stellen. Im Gegenteil!
Jede spontane Eigeninitiative ist erwünscht, aber niemand zwingt Sie, sich innerlich zu verkrampfen, nur um eigene Vorstellungen zu entwickeln. Das widerspräche ja auch ganz dem Geist meines Heilfastenkonzeptes.

Die Planung und im folgenden die Vorbereitung des Heilfastens beziehen unvermeidlich Ihren Lebensraum mit ein. Er kann Ihr Vorhaben stören. Als weiterer Störfaktor wurde ja schon der Arbeitsplatz durch die Urlaubswoche ausgeschaltet.

Natürlich könnte man empfehlen, Partner und Familie ebenfalls in Urlaub zu schicken und so von daheim zu entfernen. Abgesehen von einem Hochschnellen der Kosten läßt sich dies vielfach nicht verwirklichen, denken Sie nur an schulpflichtige Kinder. Stimmen Sie sich deshalb ab.
Mit dem Partner gelingt das im allgemeinen recht gut, vielleicht läßt er sich ebenfalls zum Heilfasten motivieren. Das würde sich besonders in dem noch vor uns liegenden geistigen Teil des Heilfastens günstig auswirken.
Hier kann nicht nur die Fastenwoche stabilisiert werden, auch die Partnerschaft vertieft sich mitunter.
Schwieriger erscheint das Problem in der Familie mit Kindern. Für die eignet sich Heilfasten in meinen Augen nicht. Die Wachstumsphase wird so kompliziert und bis heute wenig verstanden gesteuert, daß man hier nicht durch Fasten negativ eingreifen sollte. Unser Konzept mit seinen geistig seelischen Schwerpunkten ist in dieser Form für Kinder ohnehin nicht nachvollziehbar.

Damit soll keineswegs eine vielleicht fällige Gewichtsreduktion von Kindern abgelehnt werden. Unter psychologischer und ärztlicher Aufsicht steht dem nichts im Wege. Aber das heißt dann Fasten und eben nicht Heilfasten. Letzteres eignet sich im allgemeinen nicht für Kinder bis zu zwölf Jahren.

Die Probleme mit Heilfasten in der Familie sind damit nicht beigelegt.
Wird zweierlei Küche nötig? Und „muß" die Hausfrau, die heilfastet, neben ihrer Diät für die anderen Familienmitglieder kochen?

Diese Fragen lassen sich oft mit gutem Willen lösen, wenn Sie Absicht und Sinn des Heilfastens gemeinsam besprechen. Ziel eines solchen Austausches sollte sein, daß der oder die Heilfastende nicht für die übrige Familie einkaufen oder kochen muß. Der Hausfrauen-Beruf unseres Beispieles wird meist nicht gleichberechtigt neben andere Tätigkeiten gesetzt.

In der übrigen Arbeitswelt ist Urlaub für die Woche erforderlich, hieß es mit gutem Grund. Braucht das für Hausfrau oder Hausmann nicht zu gelten? Allein die letzte Frage zeigt ganz klar, daß auch Urlaub von der Hausarbeit notwendig ist. Die Verwirklichung wird von Familie zu Familie unterschiedlich ausfallen. Schwierig bleibt das Thema, kein Zweifel, aber lösen kann man es.
Familienmitglieder, die nicht am Heilfasten teilnehmen, können sogar eine wesentliche Rolle spielen. Sie tun dies weniger durchs Übernehmen des Küchenabwasches, obwohl auch das nicht unwichtig ist. Vor allem aber kann gerade in der Fastenphase bestärkender Zuspruch nicht unterschätzt werden. Kleine, ermutigende Gesten tun ein übriges.
Gerade die Situation in der Familie zeigt uns, daß körperlich, aber auch geistig beim Heilfasten Abstand zu gewohnten Verbindungen und Abläufen sein muß. Nur so gelangen wir vom Fasten zu einer Besinnung der eigenen Person.

Und was ißt die Familie?

Natürlich ist es lästig, wenn Sie sich doppelte Arbeit machen und zusätzlich zu Ihrer Diät Gerichte für die Familie kochen müssen. Und es muß auch gar nicht sein.
Vervielfachen Sie einfach die angegebenen Mengen:
Dünne kriegen die doppelte Portion, vielleicht zusätzlich eine Suppe oder einen Nachtisch (beides ist schnell fertig gekauft und nur angerührt, so macht es kaum Arbeit).
Vielleicht macht ja auch ein Familienmitglied bei der Diät mit.
Gemeinsam fastet sich's leichter.

Die körperliche Seite wurde uns schon klar: Jeder noch so verschleierte Versuch, in der Heilfastenzeit Rekorde oder besondere Leistungen zu erbringen, widerspricht der Absicht des Heilfastens und vereitelt diese.
Sorgfältige Vorüberlegungen, Verzicht auf zu strikte Vorschriften und Planung der ganzen Woche in Grundzügen schlagen die Brücke in den gleich wichtigen spirituellen Bereich des Menschen. Im Grunde klang dies schon im Urlaubsgedanken an. Die Unmöglichkeit, neben dem Beruf richtig heilzufasten, habe ich bereits belegt.

Nun kommen hier immer Einwände, es sei unmöglich, das Berufsleben vollkommen abzuschalten. Das mag sein. Bei allen entsprechenden Nachfragen habe ich jedoch feststellen können, daß ein Sich-Lösen von der Berufswelt weitaus großzügiger ohne Nachteile zu verwirklichen war.
Stellen Sie sich vor, Sie machten drei Wochen Urlaub in Übersee. Da ginge es auch.
Warum soll das beim Heilfasten nicht gelingen, wo Sie hier doch besser motiviert beginnen? Der Berufsalltag mit seinen oft in den Urlaub hineindrängenden Anforderungen läßt sich also fernhalten, ausreichende Absicht vorausgesetzt.

Wie steht es nun mit Dingen, die uns nicht aufgedrängt werden, die aber als liebe Gewohnheiten uns einladend umfangen?

Die Rede ist von den sogenannten Genußgiften. Zugegeben, ein häßliches Wort. Was wäre wohl einzuwenden gegen ein Glas Wein, abends, nach schwerem Arbeitstag, oder vielleicht zwei oder auch ein drittes Glas in angeregter Runde. Alles nicht schlimm. Wir können sogar selber noch heimfahren, ohne mit dem Promillegesetz in Konflikt zu geraten.

Sie werden hier keine prinzipielle Schelte gegenüber solchem Verhalten erfahren. Aber ein wenig sensibilisieren möchte ich Sie schon: Die Begründung mit dem schweren Arbeitstag trifft ja für die Heilfastenzeit nicht zu. Und leicht – das zeigt meine ärztliche Praxis – wird aus dem Alkohol als Belohnung für die Unbill eines mehr erlittenen als gestalteten Tages der erste Schritt zur Abhängigkeit. Dies malt jetzt bewußt nicht das Bild des haltlosen Alkoholkranken, der die Trinkmengen stetig steigert und schließlich alle sozialen Anforderungen außer Acht läßt, wenn er nur trinken kann.

Beim vorgeschlagenen Heilfasten in der Urlaubswoche wird ja die tägliche Anspannung bewußt herabgesetzt. Die Woche verläuft anders. Ist das nicht ein guter Grund, auch auf Alkohol vollständig zu verzichten? Gerade das soziale Trinken entfällt.

In der Heilfastenwoche gibt es keine Einladungen, die uns auffordern „wenigstens ein Gläschen" zu kosten. Zusätzlich können wir mit dem Verzicht, der nichts, aber auch gar nichts mit einem Opfer zu tun hat, überprüfen, ob wir unseren Alkoholkonsum im Griff haben oder nicht.

Unabhängig von dieser mehr inneren Begründung muß ich auch auf die vielen zusätzlichen Kalorien hinweisen. Die stehen dem Fastenplan mächtig entgegen.

Ohne zwingende Verpflichtung mein Rat: Lassen Sie auch kleine Alkoholmengen weg. Die Woche selber wird bei Beachtung der anderen Punkte trotz Alkohol nicht unbedingt scheitern. Leichter läuft sie in jedem Fall ohne Alkohol ab.

Alkohol und Fasten?

Während der Fastenkur sollten Sie ganz bewußt auf Alkohol verzichten und auch nach der Kur vorsichtig damit sein.

Alkohol hat nun mal ziemlich viel Kalorien, die auch noch blitzschnell in Energie verwandelt werden und sich besonders gern als Fettpolster ablagern. Außerdem macht Alkohol Lust auf ein zweites (drittes, viertes...) Glas.
Und auf Essen!

Und wenn's denn doch mal ein Glas sein soll: Hier die Mengen, die jeweils 100 kcal entsprechen:

1/8 l	trockener Wein
1/4 l	Weinschorle (halb Wein, halb Mineralwasser)
1/4 l	Apfelwein
0,2 l	Pils
0,33 l	Diät-Pils
0,3 l	Lagerbier
1/2 l	Radler (halb Lagerbier, halb weiße Diät-Limo)
0,1 l	halbtrockener Sekt

Kalorien schlagen bei dem anderen Genußgift nicht zu Buche. Rauchen schafft kein Übergewicht, eher im Gegenteil. Es macht jedoch auch abhängig, ein Grund, wenigstens in der Fastenwoche Verzicht zu üben. Niemand soll aus Ärger über die Kalorienreduktion noch mehr Zigaretten als vorher in sich hineinziehen, zum Ausgleich gewissermaßen.

Was wir in der Fastenwoche auf geistigem Gebiet planen, wird dadurch erheblich behindert. Allein durch Abfall des Sauerstoff-Gehaltes im Blut des Rauchers werden Energien zur Selbstentfaltung eingeschränkt.
Auch hier von meiner Seite kein: Du darfst nicht! Der anhaltende Raucher kann die Heilfastenzeit mit Gewinn beschließen. Viel leichter geht's anders. Wenn Sie daran zweifeln, denken Sie ein wenig über die Argumente nach. Das ist keine kritische Warnung im Stil von: Rauchen gefährdet Ihre Gesundheit.

Dieser Satz stimmt. Heilfasten verlangt aber umfassendere Überlegungen vorher: Was will ich? Was habe ich zu beachten? Die Zeit zu solchem Nachdenken soll auch eine positive Motivation zum Rauchverzicht begründen.

Bei so vielen, wenn auch sanften, Aufforderungen zum Verzicht fehlt nur noch eins: die sexuelle Askese. Kann man sie beim Heilfasten wirklich empfehlen? Oder handelt es sich nur um versteckte Körperfeindlichkeit, die unter dem Anschein ausgespielt wird, dem Leib etwas Gutes zu tun.?

Bewirkt der Alkohol beim Zählen der Tageskalorien noch ein bedenkliches Stirnrunzeln, so ist der Kalorienplan beim Rauchen nicht in Gefahr. Sexualverkehr müßte unter diesem Gesichtspunkt günstig eingestuft werden. Von der simplen Tatsache des Kalorienzählens aus kann ich dem nicht widersprechen. Sexualität als Mittel zum Abnehmen scheint mir jedoch eine übertriebene Argumentation. Und wenn wir rein auf den Kalorienverbrauch abheben, dann wäre der ja am besten durch eine möglichst energieverbrauchende Sportart zu erzielen.
Wie schon bei der Behandlung körperlicher Aktivitäten gezeigt, kommt es eben nicht darauf an, mit ablenkenden Gewaltmaßnahmen möglichst viele Kalorien abzuarbeiten. Wir wollen das sogar vermeiden. Es widerspricht der Absicht, körperliche Belange zurückzustufen.
In diesem Lichte sehe ich auch die Sexualität.

Hier werden starke Reize gesetzt. Sie können die Ausgewogenheit unserer Heilfastenwoche durcheinanderwerfen. Deswegen empfahl ich bereits die sexuelle Enthaltsamkeit.

Aber auch das ist kein bedingungsloses Muß. Durchlebt beispielsweise ein Paar gemeinsam die Heilfastenwoche, so kann ich mir durchaus vorstellen, daß beide aufeinander zugehen. Sie haben mehr Zeit, auch füreinander. Die Woche soll keine Diskussionszeit für unter den Teppich gekehrte Probleme einer Partnerschaft sein. Treten solche Fragen hervor, ist es gleichwohl unsinnig, sie zu umgehen. Ebenso kann durch gemeinsames Heilfasten eine Gemeinschaft inniger werden. Verständigen sich beide Partner, das gemeinsame Erleben durch körperliche Vereinigung zu unterstreichen, besteht kein Einwand dagegen.

Nur Vorsicht:
Das Ziel der Woche, Körper und Geist durch Abstand (vom normalen Essen, von der üblichen Alltagsbelastung) zu stärken, sollte nicht aus den Augen geraten.

Auf dieses Ziel achten wir bei unseren Vorbereitungen. Am Freitag nach der Arbeit, am Samstag bei den Vorbereitungen zum Fasten bleibt genug Zeit, die Woche zu überdenken.
Dies kann auch zu zweit erfolgen. Nur kann dabei nicht der sexuelle Stundenplan für die Zeit des Heilfastens aufgestellt werden.

Dieser Verzicht auf Spontaneität würde die Sexualität wenig fördern. Natürlich braucht man bei der Planung das Thema nicht auszusparen. Aber beginnen Sie die Tage ohne sexuelle Absichtserklärung, probieren Sie einfach aus, lassen Sie sich überraschen.

Ich möchte noch darauf eingehen, ob sich die Tage der Menstruationsblutung mit dem Heilfasten vereinbaren lassen. Menstruationsbeschwerden äußern sich bei jeder Frau unterschiedlich. Auch wenn zu Beginn der Periode wenig oder keine Symptome zu erwarten sind, verändert sich hormonell bedingt der weibliche Körper vor und während dieser Zeit deutlich. Manchmal wird eine gewisse Gereiztheit, ein Spannungsgefühl körperlich und in der Empfindung nicht bewußt erlebt. Aber es entsteht häufig.
Von daher ist es ein Vorteil, die Zeit des Heilfastens nicht in die Periode fallen zu lassen. Es entsteht eine Zusatzbelastung, wenn auch in unterschiedlichem Umfang. Diese sollte vermieden werden.

Heilfasten um die Menstruation herum schafft keine medizinischen Bedenken. Aber warum sollten vorhersehbare Dinge, die zum inneren Ungleichgewicht beitragen können, ausgerechnet dann in Kauf genommen werden, wenn Sie sich bemühen, möglichst konzentriert die eine Woche für sich zu nutzen?

Zwischendurch Kraft tanken

Wenn Sie im Laufe der Fastenkur leicht zitterig werden oder abends Probleme mit dem Einschlafen haben, probieren Sie folgende Yoga-Übung:

Hinknien, auf die Fersen setzen und mit der Stirn den Boden berühren.
20 mal langsam und ganz bewußt durchatmen.
Sie spüren förmlich, wie Sie ruhiger, entspannter werden.

Das erreichbare Ziel

Zuletzt klang immer wieder die Absicht, das Ziel des Heilfastens an. Es fiel das Wort „Abstand". Dazu möchte ich Ihnen jetzt mehr verdeutlichen.
Der Begriff „Ziel" klingt ja zunächst verräterisch. Gerade wenn wir vorher der Jagd nach Leistungen, gar Rekorden eine Absage erteilten. Ziel klingt nach Punktesammeln. So ist es aber nicht zu verstehen.

Das Ende der Woche sieht keinen Zivilisationsmenschen nach einem Bad im Jungbrunnen wie Phoenix aus der Asche auffliegen. Wir dürfen keine Wunder erwarten. Der Alltag wird uns wieder schlucken. In der Zeit neuer Belastung nach der Fastenwoche droht wieder alles anders zu werden.

Enttäuschend finde ich das nicht. Unsere menschliche Natur ist hinfällig, wiederkehrende Belastungen können nicht durch die Erinnerung an die Tage des Heilfastens weggewischt werden. Ziel bleibt es aber, durch diese Tage der Entlastung, des Abstandes, der Rückbesinnung in uns vorhandene Kräfte fühlen zu lassen. Dieses Bewußtsein schafft eine neue Dimension. Wir wissen jetzt, daß manches anders sein kann. Das hellt nicht alle künftigen Stunden auf. Die Verwirklichung der einen Woche zeigt uns nicht nur unsere ungenutzten Möglichkeiten, sie beweist uns auch deren Durchsetzbarkeit.

Und wenn wir – in unsere normale Umgebung zurückgekehrt – zu ermatten drohen, wissen wir: Eine erneute schöpferische Pause steht uns offen. Vielleicht durchdringt uns dieser Gedanke nicht nach dem ersten Versuch. Bei einer Sportart, die wir erlernen – gleich, ob es Tennis oder Windsurfen ist – klappt auch nicht alles auf Anhieb. Bei fast jeder Tätigkeit verbessern wir uns mit Übung. Warum soll nicht ein zweiter Versuch mit Heilfasten manche Dinge, etwa die der Vorbereitung, leichter aussehen lassen? Wir bereiten uns vielleicht das nächste Mal noch intensiver vor.

Derartige Überlegungen können sicher nicht alle Frustrationen ableiten, die möglicherweise beim ersten Versuch entstanden sind. Sie sollen aber Mut machen. Bei einem Tennisspiel muß ich mir möglicherweise den ersten Satz abnehmen lassen, wenn ich schnell in Rückstand geraten bin. Das Spiel geht weiter. Ich schreibe den Anfang ab und konzentriere mich auf den zweiten Satz des Spieles, in dem alles noch offen ist. Diese eher pessimistischen Gedanken sollen Ihren Elan nicht bremsen.
Das folgende Kapitel über die geistig-seelische Seite des Heilfastens will Ihnen möglichst gut bei der Planung der Woche helfen, damit sich der Erfolg schon beim ersten Mal einstellt. Sie merken, das provozierende Wort vom Erfolg schießt bewußt über das „Ziel" hinaus.

WEGE ZU SICH SELBST

Bislang ging die Rede im wesentlichen von der körperlichen Seite des Heilfastens.
Aber unser Konzept soll gerade hier nicht stehenbleiben. Heilfasten bringt mehr als ein Nachvollziehen bestimmter Fastenregeln möglichst ohne Eigeninitiative, selbst wenn es in teuren Spezialhotels abläuft. Eine gewisse Ordnung, wie sie jede Diät darstellt, soll uns vielmehr frei machen für den zweiten wichtigen Bereich: die Besinnung auf uns selber.

Es ist unsinnig, die Gedanken nur auf die Bereitung der nächsten kärglichen Mahlzeit zu verwenden oder ständig erwünschte Erfolge einer Reduktionsdiät zu überprüfen, selbst wenn wir physiologisch richtige Gedanken hegen.
Gewiß – die natürlichen Vorgänge in unserem Körper während der Fastenphase müssen wir kennen. Mit ihnen beginnt ja auch dieses Buch.

Eingangs gab ich Ihnen einen Überblick des Stoffwechsels im Alltag und in einer Fastenperiode.
Nach dieser ersten Stufe, einem Basiswissen, füllten wir die Grundlage mit praktischen Gesichtspunkten. Sie ließen uns den Rahmen für eine derartige Unternehmung abstecken.
Bewußt habe ich hier noch keine Einzelheiten, etwa Diätpläne, vorgestellt.
Solche Beispiele hätten uns den Wald vor lauter Bäumen nicht mehr sehen lassen.
Sie folgen im Schlußteil des Buches von der übrigen Betrachtung gesondert.
Auf diese Weise haben Sie auch ein leicht zugängliches Nachschlagekapitel zur Hand für die Vorbereitung der Fastenwoche.

Bevor ich diese Hinweise zusammenstelle, muß jedoch der spirituelle Teil vorgestellt werden. Hier sind im laufenden Text schon die meisten Einzelheiten und Vorschläge eingewoben. Sie wissen jetzt bereits genug über meine Fassung von Heilfasten, als daß Sie dabei von Details zu sehr abgelenkt würden.
Dieser dritte Teil soll vor der Auflistung einer „Fastenregel" das Gesamtkonzept abrunden. Wenn Sie dann den ganzen Plan kennen, können Sie mit dem Schlußteil an die konkrete Vorbereitung Ihres persönlichen Heilfastens gehen.

Welche Themen sollen also vom Fasten zum Heilfasten führen? Um die Auswahl zu erleichtern, möchte ich Ihnen erzählen, wie das Konzept in mir entstand.

ERLEBNISSE AUF ATHOS

Mehrere Male besuchte ich Athos, den heiligen Berg der Orthodoxie. Um ihn herum siedeln seit über 1000 Jahren Mönche in mehr als 20 Klöstern. Der Zugang – nur für Männer erlaubt – gestaltet sich schwierig. Man muß der Einreisebehörde des Athos verschiedene, recht umständlich beizubringende Dokumente vorlegen. Genügt man diesen Anforderungen, erhält man einen Besucherpaß, in dem man der brüderlichen Sorge der Mönche anempfohlen wird.
Das bedeutet auch Anschluß an die Lebensweise in der Klostergemeinschaft mit ihren Regeln. Es herrschen strenge Fastengebote, mindestens jeder zweite Tag wird als Fastentag gehalten. Das bedeutet Verzicht auf Fleisch, Eier und Wein. Die Mahlzeiten bestehen aus Brot, Olivenölsuppe und Gemüse, getrunken wird Wasser. Nicht selten folgen mehrere Fastentage aufeinander. Es ist fast überflüssig zu erwähnen, daß diese kärglichen Mahlzeiten auch in ihrem Umfang eingeschränkt sind.

Der Gottesdienst stellt am Athos einen zentralen Punkt dar. Etwa um zwei Uhr nachts werden Mönche und Gäste durch Schläge auf ein Holzbrett geweckt. Dann beginnt der Gottesdienst, dessen Besuch für die Gäste nicht verpflichtend ist. Bei meinen Aufenthalten stellte die Teilnahme daran aber einen wichtigen Teil des Gesamterlebnisses dar.

Die Frühgottesdienste dauern vier bis fünf Stunden und sind erfüllt vom Reichtum orthodoxer Liturgie. Das meint keine abwechslungsreichen Darbietungen, sondern eine allmähliche Steigerung vom Entzünden der Kerzen über den Wechselgesang des traditionellen Rituals bis zur Feier der Eucharistie. Immer mehr öffnen sich die jahrhundertealten, mit kunstgeschichtlichen Kostbarkeiten reich geschmückten Kirchen dem Gottesdienstbesucher in ihrer erhabenen Pracht.

Nach der Frühmesse hat der Besucher den Tag vor sich. Betrachtung der Klostergebäude, Unterweisung in den Lebensformen des Mönchtums, Studium in reichen Bibliotheken mit ehrwürdigen Gnadenbildern, aber auch Wanderungen über die dicht bewaldete Athos-Halbinsel mit zauberhaften Blicken auf das ägäische Meer – all das vermittelt die Ruhe der Seele, welche die Ostkirche fast 2000 Jahre in mächtigen geistigen Bewegungen wie dem Hesychasmus (hier klingt das griechische Wort für Ruhe weiter) anstrebte.

Jede Athosreise krönt der Aufstieg zum Gipfel des hoch über dem Meer thronenden Berges. Bei allen meinen Aufenthalten richtete ich es so ein, daß ich in einer Schutzhütte unterhalb des Gipfels auf roh gezimmertem Bretterboden übernachtete. Meist war ich hier allein, die Hütte entspricht nicht unseren Vorstellungen eines Alpenvereinshauses. Sie dient lediglich dem Schutze der Wanderer. Unbewirtschaftet, birgt sie nur eine Zisterne, die für den Besucher Wasser bereithält.
Vor Sonnenaufgang ging es dann das letzte Stück zum Gipfel weiter, wo ich dann einsam das Erscheinen der Sonne unter dem orthodoxen Athoskreuz erlebte.

Die Tage am Athos, das wurde mir bald klar, wirkten nicht nur aus sich selber. Das Naturschauspiel zeigte sich mir vor dem Hintergrund der Fastentage, des ruhigen Betrachtens von Kunstschätzen, die aus dem Geist der Frömmigkeit leben, im Gespräch mit den Mönchen. Der Nachhall dieser Zeit nach Rückkehr in die „Welt" hinterließ einen bleibenden Eindruck. Ich erlebte den wechselseitigen Einfluß von entspannender körperlicher Belastung im Fasten, von Ruhe im Betrachten landschaftlicher und kultureller Schönheit.

Abgesehen davon, daß Frauen bis heute diese Eindrücke verwehrt geblieben sind, fragte ich mich, ob man derartige Erlebnisse nicht in unsere Welt hinübernehmen, gleichsam „profanisieren" könne.

Sicher werden Sie einwenden, daß damit doch ein guter Teil des beschriebenen Zaubers verloren gehen müsse. Das ist zweifellos richtig.

Andererseits meine ich, daß die Idee einer Verbindung von Körper und Geist in vom Alltag weitgehend unbeschadeter Ruhe auch bei uns verwirklicht werden kann. Gedanken treten hervor, wie sie zunehmend auch Reiseveranstalter anbieten. Sie werden als Klausuren für gestreßte Zeitgenossen, Woche der Besinnung und ähnlich bezeichnet.
Ich lehne das nicht ab.

Als weitere Möglichkeit möchte ich aber die Idee des Athos aufgreifen und Ihnen den Versuch damit in Ihrer gewohnten Umgebung vorschlagen.

DER GEIST DES HEILFASTENS

Sie verstehen jetzt sicher besser Vorschläge dieses Buches, den Sinn der Urlaubswoche zum Heilfasten etwa, aber auch die erst angesprochene Notwendigkeit einer geistig-seelischen Dimension als Grundgerüst unseres Heilfastens. Natürlich gibt es keine Einschränkung, die Frauen ausschließt. Natürlich will ich Sie nicht bekehren in dem Sinne, den Tag mit einem Gottesdienst zu beginnen.

Andererseits lehne ich einen religiös ausgerichteten roten Faden, der sich durch die ganze Woche zieht, nicht ab. Eine lange abendländische Tradition zeigt ja beispielhaft auf, wie Religionsthemen ein Angebot unterbreiten. Wenn Sie sich dafür entscheiden, in Ihrer Heilfastenwoche dem Kirchenvater Augustinus näherzukommen, dann wird das dem hier dargestellten Konzept nicht abträglich sein.

Christliche Themen stellen kein Muß dar. Studien zur Religion der Juden spiegeln beispielsweise den Doppelaspekt unseres Konzeptes wider. Im Judentum erkennen wir die enge Verflechtung der Welt des Glaubens mit sehr praktischen Auswirkungen in viele Bereiche des Alltags, nicht zuletzt was Ernährung betrifft. Entsprechende Beschäftigung hat also einen klaren inneren Zusammenhang mit dem Konzept des Heilfastens.

Nicht von ungefähr finden wir unter den Religionen immer wieder ausgeprägt den doppelten Bezug – auf Körper und Geist.

Als ein weiteres Beispiel führe ich den Buddhismus an. Hier läge auch ein Thema, welches in überzeugender Weise das Fasten begleiten kann. Da dem normalen Mitteleuropäer die Welt einer vornehmlich asiatischen Religion weniger zugänglich ist, empfehle ich als Einführung das bemerkenswerte Buch von Bechert/Gombich, falls Sie sich für das buddhistische Thema beim Heilfasten entscheiden.

Lösen wir uns nun vom religiösen Hintergrund, ohne ihn ganz zu verlassen, so fällt mir das „Glasperlenspiel" von Hermann Hesse ein. Schon bei meinen ersten Überlegungen, wie die Erlebnisse des Athos in unsere Welt zu übermitteln seien, dachte ich an Hesses Roman. Die Welt des Glasperlenspiels vollzieht ja genau den Gegensatz zwischen der Überlastung unseres Alltags und dem Suchen nach innerer Ruhe ohne Weltflucht der Persönlichkeit. Hesse versinnbildlicht diese Spannung in den Hauptfiguren seines Buches.
Spannung soll also sein. Nicht als kaum zu verwirklichende, drangvolle Anforderung, wie sie uns der Alltag abringt.

Die Auseinandersetzung mit der eigenen Person im Spiegel des geschilderten Daseins von Menschen, die ähnliches anstreben, führt geradewegs zum Heilfasten.
Sie kennen das Glasperlenspiel schon? Nun, bei unserer Absicht ist es auch keine schlechte Möglichkeit, den Roman nochmals zur Hand zu nehmen, jetzt in Verbindung mit dem Fasten. Für andere Bücher Hermann Hesses wie „Narziß und Goldmund" oder „Demian" gilt gleiches.

Keinesfalls will ich Sie hier auf einen Autor festlegen. Wesentlicher bleibt die Auswahl des Themenbereichs. Wechselnde Lektüre – eine Stunde dies, dann etwas anderes – steht dem Bemühen um Gleichklang, nicht langweilige Gleichmäßigkeit, entgegen. Ob Sie sich nun für Kellers „Grünen Heinrich", die „Orestie" des Sophokles oder Günter Grass' „Der Butt" entscheiden, steht in Ihrem Ermessen.

Lektüre wie Kriminalromane halte ich nicht für günstig. Natürlich ließe sich auch das als leitender Themenbereich einführen. Der Stoff der meisten Krimis lenkt immer wieder auf unsere Umwelt, erzeugt Spannungsmomente, die mit der Beruhigung des Körpers im Fasten nicht harmonieren.

Auch zu sehr auf Sachthemen ausgerichtete Bücher können stören. Wenn Sie sich vornehmen, mehr über Molekularbiologie oder Quantenphysik zu erfahren, besteht Gefahr, daß Sie sich wieder mit einem Leistungsziel belasten.

Bilderbücher dagegen lassen sich in diese Vorschläge gut einbauen. Mir fällt das großartige Stundenbuch des Duc de Berry „Les tres riches Heures" ein. Die Betrachtung der Bilder läßt dabei den Geist in eine andere Epoche schweifen. Man findet filigrane Darstellungen vom Leben mittelalterlicher Menschen. Auch wenn unsere Zeiten anders verlaufen, die Fragen menschlicher Existenz bestehen fort.
Das sogenannte Stundenbuch ließe sich verbinden mit dem Lesen einer der Anthologien über das Leben im Mittelalter. Hier sind kürzere Berichte von Zeitgenossen gesammelt, die über die unterschiedlichen Bereiche damaligen Lebens berichten. So können Sie zwischen der Betrachtung und dem Nacherleben im Bericht abwechseln.

Wiederum ganz andere Inhalte setzen die Märchen aus 1001 Nacht. Auch diese könen Sie durch das Heilfasten begleiten.

Sie sind kein Bücherwurm? Das soll Sie nicht von der Idee des Heilfastens abbringen. Schließlich sprechen wir ja nicht vom „Buchfasten". Gerade weil die Fastenwoche einen bewußten Kontrapunkt zum Alltagsleben bietet, empfehle ich eine Lesetätigkeit mit einem bestimmten Thema. Auch wenn Lesen nicht zu Ihren Hobbys zählt. Versuchen Sie's!

Natürlich meint der Lesevorschlag nicht das möglichst nahtlose Ausfüllen der Zeit zwischen den Mahlzeiten nur oder überwiegend mit Lesen.

Aber Beschäftigung mit Büchern in dieser Zeit erstellt uns eben einen guten und auch stabilen Teil des Gerüstes, das die körperliche Bemühung ums Fasten stützt.

Im übrigen empfehle ich auch hier eine Einteilung. Fangen Sie nicht morgens einfach an zu lesen. Vielleicht fesselt Sie Ihr Thema so, daß Sie am ersten Tag noch durchhalten. Aber auch mit der besten Lektüre können Sie sich „überfüttern". Planen Sie deshalb Ihren Tagesablauf. Diese Einteilung wird Ihr erster Sieg. Sie haben bereits Boden bei der schwierigen Unternehmung Heilfasten gewonnen, wenn Sie vorher sorgfältig auswählen, planen und somit eigenständig und individuell „Ihr" Gerüst bauen.

Oben habe ich Vorschläge gemacht. Übernehmen Sie einen oder stellen Sie etwas zusammen, das Ihnen besser entspricht:
Sie sind aktiv! Aktivität birgt ja der Alltag zur Genüge. Also wollen wir auch gleich bei der Planung leicht gegensteuern.

Damit erhalten wir die dosierte, erwünschte Spannung auch im geistigen Bereich des Heilfastens. Durch die Zeiteinteilung hören wir auf, wenn es am besten schmeckt. Wir vermeiden die Überfütterung. Wie Sie die Zeiteinteilung gestalten, bleibt letztendlich wieder Ihrer eigenen Aktivität überlassen. Ich werde mich auf einige wenige Hinweise beschränken.

Gehören Sie nicht zu den Bücherwürmern, haben sich aber für eine Leseeinheit entschieden, so lesen Sie täglich nur eine Stunde.
Bei mehr Übung mit Büchern und Interesse können Sie die Zeit ausdehnen. Von mehr als zwei Stunden am Stück rate ich ab.

DER TAGESABLAUF

08.00 Uhr	Aufstehen, Bad/Dusche
08.30 Uhr	Bereiten des Frühstücks, Essen in aller Ruhe
09.30 Uhr	Lesen
10.30 Uhr	Entspannungspause Vorbereitung der Zwischenmahlzeit
10.50 Uhr	Zwischenmahlzeit
11.10 Uhr	Musik: Selber musizieren oder hören
12.00 Uhr	Vorbereitung des Mittagessens
12.30 Uhr	Mittagessen
13.00 Uhr	Mittagspause
14.00 Uhr	Spaziergang, Sport im angegebenen Rahmen
15.00 Uhr	Pause, Vorbereitung einer Zwischenmahlzeit
15.20 Uhr	Zwischenmahlzeit
15.40 Uhr	Malen, Werken
17.00 Uhr	Vorbereitung des Abendessens
18.00 Uhr	Abendessen
18.30 Uhr	Lesen
19.30 Uhr	Bad
20.00 Uhr	Tee brühen
20.30 Uhr	Rückblick, eventuell Korrektur der Einteilung für den Folgetag
21.00 Uhr	Musik
22.00 Uhr	Nachtruhe

Zwischen Ihrer Betätigung (nachfolgend biete ich Ihnen noch andere Möglichkeiten an, nicht als Konkurrenz zum Lesen, sondern als Ergänzung) brauchen Sie Ruhepausen.

Planen Sie nicht: von 8.30 Uhr bis 10.00 Uhr Lektüre, um 10.00 Uhr dann die Zwischenmahlzeit. Wenn Sie eineinhalb Stunden lesen wollen – gut. Aber danach lehnen Sie sich etwas zurück, denken Sie über das Gelesene nach oder über etwas anderes.
Aber springen Sie nicht sofort zum nächsten Programmpunkt. Die erwähnte Zwischenmahlzeit bereiten Sie in aller Ruhe.

Wir haben schon Vorbereitungen zum Fastenplan besprochen. Das meint nicht, alle Speisen und Getränke für zwei oder drei Tage verzehrfertig zu bereiten und dann nur noch einzunehmen.
Fertigen Sie beispielsweise den Gemüsesaft für die Zwischenmahlzeit frisch an. Danach planen Sie vielleicht Musik ein. Dabei lesen Sie dann bitte nichts daneben, tun auch nichts anderes. Konzentrieren Sie sich auf Ihr Hörerlebnis.
Ob Sie zu Mozart greifen oder Rockballaden auswählen, das planen Sie bitte selber – aktiv.
Sie können sich Gedanken machen, ob die Wochenthematik beim Lesen nicht auch für die Musik gelten soll. Wenn also Mozart, dann etwas Zusammenhängendes aus seinem Werk, jeden Tag beispielsweise eine Sinfonie. Oder bei einem Lesethema mit religiösem Bezug Gregorianische Gesänge oder Regersche Orgelmusik.

Alternativ, selbstverständlich auch wieder zusätzlich, kommt bildnerische Tätigkeit in Betracht. Vielleicht malen Sie ohnehin an Wochenenden Aquarelle.
Es besteht kein Grund, das in der Fastenwoche auszuklammern. Sie können sich aber auch etwas Neues vornehmen.

Möglicherweise wollten Sie längst schon mal Gräserdruck versuchen. Auch hier gilt: Überlegen Sie vorweg, aufs Planen können wir nicht verzichten. Die Vorbereitungen außerhalb der Heilfastenwoche entlastet Sie und ermöglicht Ihnen, bei der Sache zu bleiben. Dabei brauchen Sie nicht zum Sklaven Ihrer Zeiteinteilung zu werden. Überziehen ist erlaubt.

Während der Woche unterliegt der Plan ganz gewiß Veränderungen. Aber nicht, um doch noch möglichst viel unterzubringen. Wenn etwas zeitlich mal nicht ausgeht, lassen Sie's eher locker laufen. Das bedeutet aber nicht völlige Abkehr von der Tageseinteilung etwa in dem Sinne, daß am ersten Tag nur noch gelesen, gemalt oder musiziert wird und uns so die Vorfreude auf alle weiteren Tage der Woche genommen wird.

Also: Kein Erfolgs- und Zeitdruck unter dem Mäntelchen des Heilfastens, aber auch keine zu anstrengende zeitliche Ausdehnung. Bei Tätigkeiten wie Musizieren, Malen oder Batik kann man nicht jedesmal ohne weiteres nach einer Stunde aufhören.
Sie können überziehen, auch spontan. Dafür sollten Sie anderweitig Ausgleich schaffen.

Gehen Sie mal wieder in die Sauna!

Saunawärme entspannt, tut gut – und man denkt in der Zeit nicht ans Essen. Und auch für die Haut ist das Schwitzen wunderbar, schließlich hat sie als unser größtes Ausscheidungs-Organ während einer Fastenkur ordentlich zu tun. Vorsicht allerdings, wenn man mit dem Kreislauf Probleme hat. Unter Umständen ist dann eine Schwitzkur im römischen Dampfbad angenehmer, weil hier die Temperaturen niedriger (und damit kreislaufverträglicher) sind.

Die kleinen Ruhepausen und die Zwischenzeiten (etwa beim Bereiten der Mahlzeiten) habe ich schon erwähnt. Zusätzlich brauchen wir einige längere Pausen. Stehen Sie morgens nicht zu früh auf. Trotz aller Faszination des Athos erfordert das Heilfasten nicht, daß Sie mitten in der Nacht Ihr Bett verlassen. Mittags legen Sie am besten auch eine Unterbrechung von einer, vielleicht auch zwei Stunden ein. Machen Sie sich's bequem, ob Sie schlafen, sinnieren oder dösen – einerlei. Nur meditieren Sie in dieser Zeit nicht. Trotz aller äußerlicher Ruhe erfordert dies viel Konzentration.

Mittagsschlaf mit Leibauflage

Sie können Ihr tägliches Mittagsschläfchen noch wirkungsvoll unterstützen, wenn Sie sich eine Leibauflage machen. Die unterstützt die Leber bei ihrer Entgiftungsarbeit und beugt auch gleich Bauchkneifen vor. Sie brauchen dazu ein Leintuch, das Sie mehrmals so zusammenfalten, daß der rechte Oberbauch, also die Lebergegend, vollständig bedeckt ist. Das Leintuch in heißes Wasser tauchen, auswringen und möglichst warm auf den Bauch legen. Darüber kommt ein trockenes Leintuch (mindestens doppelt so groß wie das nasse) und eine Wolldecke. Den Wickel mindestens eine halbe Stunde auf dem Leib lassen.

Wenn Sie an Meditationsübungen Gefallen finden oder ohnehin schon regelmäßig meditieren, dann machen Sie daraus einen ganz normalen Programmpunkt unabhängig von den Pausen.

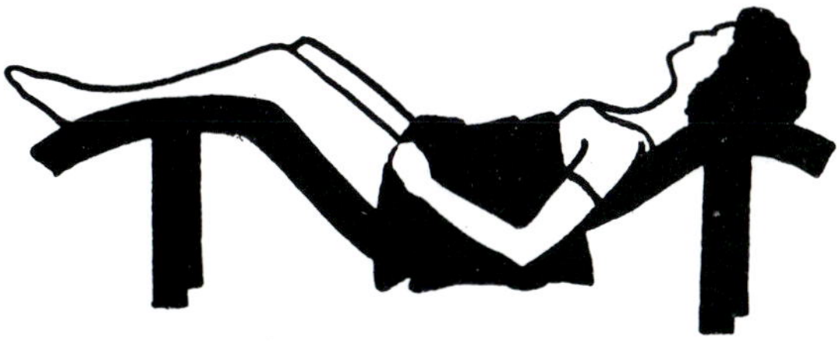

Wie wär's mit autogenem Training?

Das ist eine sehr gute Art, sich zu entspannen, ruhiger zu werden. Und damit das Ideale für Streß-Esser, die sich den Bauch vollschlagen, wenn sie abends nervös nach Hause kommen.
Am besten belegen Sie einen entsprechenden Kurs in der Volkshochschule oder kaufen sich ein Buch mit praktischer Anleitung. Für den Anfang genügt es aber vielleicht auch schon mal, sich abends aufs Bett zu legen, den Atem ruhig fließen zu lassen und zu versuchen, den ganzen Körper Teil für Teil zu erspüren. Fangen Sie mit den Zehen an und arbeiten Sie sich langsam nach oben. Das entspannt ungemein.
Und wenn Sie dabei einschlafen: um so besser!

Zeitunglesen? – Bitte nicht in Ihrer Mittagszeit! Es entginge Ihnen Zeit zum Entspannen, selbst wenn Sie sonst in Ihrer Alltagsmittagspause auf die Zeitung zurückgreifen.

Übrigens:
Warum nicht die ganze Woche auf das Zeitunglesen verzichten? Das schlage ich noch nachdrücklicher für Rundfunk und Fernsehen vor.
Denken Sie an den Urlaub in fernen Ländern. Da geht es auch gut ohne Reiz, besser sage ich wohl Reizung durch die Medien.

Ihre Musikstunde können Sie selbstverständlich dem Rundfunk entnehmen. Aber auch hier ist Vorbereitung angesagt. Drehen Sie in dieser Woche nicht wahllos am Senderknopf. Hinter der vermeintlichen Abwechslung verbirgt sich unerwünschte Ablenkung.

Der Tagesplan stellt nur einen Vorschlag dar. Bewußt setze ich die Zeitabstände relativ großzügig. So bleibt Raum für kleine Haushaltsarbeiten, die unvermeidlich anfallen (Geschirr spülen, kleinere Aufräumarbeiten).
Längere Arbeiten im Haushalt müssen in der Heilfastenwoche ausgeklammert werden. Es wäre ja auch offenkundig widersinnig, den Hausputz in diese Woche zu verlegen. Kleinigkeiten des Alltagslebens werden natürlich aktuell erledigt. Wollte man sie auch aussparen oder verschieben, entstünde eine recht unwirkliche Atmosphäre. Für die kurzen Handgriffe benötigen Sie natürlich auch Zeit, die nach meinem Dafürhalten bereits in oben ausgeführtem Planbeispiel vorhanden ist. Sie können sich jedoch selbstverständlich noch mehr Zeit lassen. Hier erkennen Sie wieder den Vorteil der eigenen, aktiven und damit individuellen Planung.

Eine Ausweitung des Tagesprogramms empfehle ich nicht. Ebensowenig sollten Sie die zwei Zwischenmahlzeiten auslassen.

Lieber öfter und wenig essen

Bei unserer Fastenkur bekommen Sie fünfmal am Tag etwas zu essen. Aus gutem Grund: Ernährungswissenschaftler haben in Studien nachgewiesen, daß man dabei weniger ißt, als wenn man dreimal pro Tag richtig voll zuschlägt. Deswegen sollten Sie diesen Eß-Rhythmus auch in Zukunft beibehalten, sich aber auch, das haben wir schon gesagt, nach Ihren Hungergefühlen richten.

Hier eine Liste von kleinen Zwischenmahlzeiten, die nicht mehr als 100 Kalorien haben:

- 1 Birne
- 1 Apfel
- 1 Pfirsich
- 100 g Weintrauben
- 1 Honigmelone (300 g)
- 2 Kiwis
- 1 Grapefruit
- 3 Tomaten
- 2 Paprikaschoten
- 175 g Dickmilch mit Zimt
- 200 g Buttermilch
- 1/2 Becher Magerquark mit Süßstoff und 1/2 Päckchen Vanillinzucker
- 1/2 Scheibe Vollkornbrot mit 1/2 TL Butter und Schnittlauchröllchen
- 1 Scheibe Knäckebrot mit je 1 TL Butter und Marmelade

Kalorisch bringen die Zwischenmahlzeiten nicht viel. Und überhaupt, fragen Sie, könnte man nicht den Brennwert der Zwischenmahlzeit den Hauptmahlzeiten zuschlagen?

Das wäre ernährungsphysiologisch nur die zweitbeste Lösung. Lieber mehr und kleinere Mahlzeiten. Dabei kommt weniger Hungergefühl auf. Im übrigen sind Sie ja nicht angetreten, um sich den Bauch vollzuschlagen, sondern um im Rahmen des Heilfastens ein sinnvolles Fastenkonzept ohne schwärmerische Übertreibungen zu versuchen.

Aus diesem Grund kommt auch die sogenannte Nulldiät nicht in Betracht. Zum einen birgt sie oft verharmloste Gefahren, vor allem wenn nach Tagen fehlender Kalorienzufuhr zwischendurch („Das kann ja wohl nicht schaden") plötzlich Kohlenhydrate („Nur ein kleiner Gemüsetrunk") zugeführt werden.
In dieser nicht so selten anzutreffenden Situation ist bis zum akuten Auftreten eines Komas alles drin.
Andererseits widerspricht der völlige Verzicht auf Nahrung dem natürlichen Ansatz unseres Heilfastens. Der gewohnte Ernährungsablauf soll in den Grundzügen beibehalten werden, allerdings kalorienbeschränkt, mehr durchdacht und ohne die psychische Alltagsbelastung. Durch Nulldiät lernt kaum einer richtig und bewußt zu essen. Sie stellt meist ein kurzlebiges Intermezzo verkrampfter Gewichtskosmetik dar, ohne die dahinterstehenden Probleme auch nur annähernd günstig zu beeinflussen.

Daher halte ich Nahrungszufuhr innerhalb dieses Heilfastenkonzeptes für unverzichtbar.
Bei der Vorbereitungszeit für die Mahlzeiten müssen Sie berücksichtigen, daß Sie möglicherweise an unterschiedlichen Tagen verschieden lange Zeit brauchen. Sie wissen aber von Ihrem Diätplan, welche Gerichte am jeweiligen Tag bereitet werden und können sich das dann gut einteilen.
Hinweise für die ungefähre Zubereitungszeit der einzelnen Gerichte entnehmen Sie bitte den Tagesdiätplänen im Anschluß.

Für die Woche sind zweimal sieben Pläne ausgearbeitet. Wie erwähnt haben Sie die Auswahl zwischen Sommer- und Winterplan mit ihrem unterschiedlichen Angebot an Nahrungsmitteln. Zusätzlich sind die benötigten Lebensmittel in zwei Kolonnen aufgelistet (Tag 1 - 3 und 4 - 7), als Gedächtnisstütze beim Einkaufen.

Bei Ihrer Gesamtplanung muß also zunächst der Ernährungsplan des einzelnen Tages festgelegt werden. Die unterschiedlichen Gerichte bestimmen die Zubereitungszeit. Diese wiederum beeinflußt Ihren Tagesplan, in dem alle Ihre Aktivitäten wie musizieren, lesen usw. festgelegt werden.
Benötigen Sie an einem Tag für die Zubereitung des Mittagessens eine ganze Stunde (möglicherweise einschließlich begleitender Aufräumarbeiten in der Küche), so können Sie natürlich nicht wie im obigen Tabellenbeispiel dafür nur 30 Minuten ansetzen.
Ernährungsplan (mit seinen Vorbereitungszeiten) und Tagesplan (der den gesamten Tag überblicken läßt, einschließlich der Zeiten für die Mahlzeiten und ihrer Vorbereitung) müssen also aufeinander abgestimmt sein.

Beim Essen nichts anderes tun!

Auch wenn die Fastenkur-Mahlzeiten eher kärglich sind: Konzentrieren Sie sich voll darauf, schalten Sie nicht den Fernseher ein oder nehmen ein Buch zur Hand. Sie sollen nur ans Essen denken. Das gilt übrigens generell für die Mahlzeiten.
Erstens essen Sie dann bewußter, stopfen nicht gedankenlos in sich hinein. Dazu kommt noch etwas:
Nach einiger Zeit lösen Fernsehen oder Lesen wie ein Signal Hunger aus. Weil sich der Körper daran gewöhnt, daß er in diesen Situationen etwas zu essen bekommt.

Weiten Sie am besten die Vorbereitungszeit für einzelne Mahlzeiten nicht über eine Stunde aus.
Essen wäre so zu hoch bewertet innerhalb des Heilfastens, auch wenn es, wie oben begründet, ein unverzichtbarer Teil im Tagesablauf bleibt.

Berücksichtigen Sie bitte auch, daß Sie Zeit zum Einkaufen brauchen.
Diese sollte nicht körperliche Aktivitäten verdrängen. Sie ersetzt auch keinen Spaziergang.

Kalkulieren Sie die Einkaufszeiten gesondert ein, möglichst jedoch nicht täglich. Ich empfehle als Einkaufszeit lediglich Tag 4. Die Lebensmittel zum Start der Woche haben Sie schon vorher besorgt (daher der Vorschlag für Beginn der Fastenwoche am Sonntag und Vorbereitung am Freitagnachmittag und/oder Samstag davor. Ernährungs- und Tagespläne haben Sie am besten schon eine Woche früher erstellt).

Tee brühen auf unserem Tagesplanbeispiel (für 20 Uhr angesetzt) bedeutet nicht Einwerfen eines Teebeutels in eine Tasse mit heißem Wasser.
Stellen Sie sich vorher Teemischungen zusammen. Sie können auch in der Apotheke Blätter oder Blüten frisch kaufen, diese mit Wasser übergießen und etwa 15 Minuten ziehen lassen.

So eine phytotherapeutische Teekur können Sie noch ein bis zwei Wochen über das Heilfasten hinaus fortsetzen. Diese Verlängerung wird Ihnen körperlich gut tun. Durch die Verbindung der abendlichen Übung, Tee zu brühen, halten Sie außerdem die Erinnerung an die Heilfastenwoche unmittelbarer im Gedächtnis, ein zusätzlicher Vorteil, wenn's wieder in Richtung Alltag geht.

Das Ergebnis

Heilfasten lohnt sich.
Probieren Sie's aus!
Trotz mancher Angebote eines zur Ersatzreligion verdrehten Heilfastens benötigen Sie bei meinem Vorschlag nicht mehr Geld als während einer Alltagswoche.

Sie brauchen allerdings Zeit.
Zeit, in der Sie auch aktiv sein müssen. Überwiegend gilt das für die Vorbereitungsphase, die wohlüberlegt und geplant sein muß. Wir haben besprochen, was sich in unserem Stoffwechsel tut. Sie erhielten Hinweise über Modetorheiten einer Gewichtsreduktion („Schlankheitswahn"). Dem stellte ich die doppelte Begründung des Fastens gegenüber. Einmal der medizinische Grund von Übergewicht, welches den Körper unnötig belastet. Zum anderen das eigene Wohlbefinden.

Diese zu verbessern, übersteigt die Möglichkeiten alleinigen Fastens, läßt man einmal kurzfristige und kurzlebige Erfolge außer acht. So geht der folgerichtige Weg vom Fasten zum Heilfasten.

Dieses führt uns über die erwünschte Hilfestellung des Fastens gleichzeitig und mindestens ebenso wichtig zur Stabilisierung unserer gesamten Person.

Dieser letzte Gesichtspunkt schließt den Kreis zum Anfang.

Wir schöpfen aus dem Heilfasten innere Kraft. Und das bedeutet mehr als eine lügnerische Gewichtsabnahme von drei Kilo in einer Woche. Mit einem soliden Diätplan erreichen wir in unserer Fastenwoche scheinbar weniger. Wir haben jedoch ein anderes Verhältnis zu unserem Körper gewonnen. Dieses befähigt, wenn wir nur wollen, auch weiterhin darauf zu achten, daß unser bewußteres Essen nicht wieder im Alltag verflacht. Das bewußte Essen wird noch ausführlicher im Schlußkapitel mit den Diätplänen angesprochen.

Aber da sind wir ja schon mitten drin im Heilfasten, zu dem ich uns allen Erfolg, jedoch im Sinne des früher Angesprochenen keine Erfolge wünsche.

Wir haben Abschied genommen von einem heil-losen Mißverständnis, aber im klaren Licht lockt – wie auf Athos – das neue Ufer Heilfasten.

Die Heilfastenwoche

Vorbemerkungen zu den Diätplänen

Die angegebenen Kalorienzahlen gelten ungefähr. Es ist sinnlos, hier vermeintlich exakte Werte anzugeben. Keine Kartoffel gleicht der anderen, auch nicht in ihrem Kalorienwert. Die Näherungswerte sind jedoch für unsere Belange genau genug, niemals findet Auf- oder Abrunden um mehr als 30 kcal statt. Das ist sehr wenig, wenn Sie berücksichtigen, daß die durchschnittliche Tageskalorienzahl im Alltag um 2300 kcal liegt.

Jeden Tag auf die Waage?

Lieber nicht. Es kann immer mal vorkommen, daß die Waage trotz Fastenkur keinen Ruck mehr tut. Das ist z.B. dann der Fall, wenn der Körper vom anfänglichen Wasserverlust auf echte Fettverbrennung umschaltet. Bis die Waage das anzeigt, können ein paar Tage vergehen. Sie leben sicher streßfreier, wenn Sie sich nur einmal pro Woche wiegen.

Nehmen Sie sich beim Essen ebenso wie beim Zubereiten der Speisen Zeit. Essen Sie nicht „auf die Schnelle", möglichst noch in der Küche im Stehen.

Decken Sie vor den Mahlzeiten sorgfältig den Tisch. Nicht nur damit halt ein Teller, ein Glas und Besteck vorzufinden sind. Lassen Sie das Auge etwas mitessen, nicht nur bei der Fertigung der Speisen, sondern auch bei der Serviettenfarbe, bei etwas Tischschmuck und derlei mehr. Setzen Sie sich in Ruhe zum Essen. Bei jedem Bissen legen Sie das Besteck ab, um es dann vor dem nächsten wieder aufzunehmen. Ich empfehle sogar, ein mit Quark bestrichenes Vollkornbrot zum Beispiel mit Hilfe von Messer und Gabel zu verzehren.
Kauen Sie sorgfältig!

Zu den Getränken: In der Frühe Tee unterschiedlicher Sorten, zwei bis drei Tassen. Wenn Sie unbedingt Kaffee trinken wollen – meinetwegen. Aber dann bitte dünn und auf zwei Tassen beschränkt.
Ansonsten gibt's natriumarmes Mineralwasser mit wenig oder keiner Kohlensäure.
Abends dann, wie erwähnt, wieder Tee. Die Gesamt-Trinkmenge eines Tages sollte in der Heilfastenwoche bei drei Litern liegen.

Getränke mit wenig Kalorien

Mineralwasser und Kräutertee sind eine feine Sache, wenn man Kalorien sparen und gesund abnehmen will. Und wenn's doch mal was anderes sein soll: Hier eine Liste mit Getränken, die alle 100 kcal haben.

1/2 l Apfelsaft-Schorle (halb naturreiner Apfelsaft, halb Mineralwasser)
0,2 l naturreiner Orangensaft
1/2 l Tomatensaft
0,3 l Gemüsesaft
0,15 l roter oder weißer Traubensaft
1/4 l Buttermilch
1/8 l Vollmilch
0,2 l Trinkmilch (1,5 % Fett)

Kräuter-Tees

Alle haben null Kalorien (natürlich nur, wenn nicht mit Zucker gesüßt wird).

Zum Muntermachen:

Brennesseltee
Weißdorntee
Rosmarintee
Schafgarbentee
Guten-Morgen-Tee (Reformhaus)

Zum besseren Einschlafen:

Baldrianwurzeltee
Hopfentee
Lavendeltee
Zitronenmelissetee
Johanniskrauttee
Gute-Nacht-Tee (Reformhaus)

Für Magen und Verdauung:

Löwenzahntee
Gänsefingerkrauttee
Fencheltee
Kamillentee

Vorschläge zum Fastenplan

Motto:

Ziel ist nicht der Kampf um jede Kalorie. Das Gesamtkonzept muß stimmen. Daher wie erwähnt gerundete Angaben zu den Kalorien.
Beispiel: Der Apfelschnitz zum Frühstück des ersten Tages wird auf den ganzen Apfel der Zwischenmahlzeit angerechnet.

Was tun, wenn der Hunger kommt?

Vermutlich werden während der Fastenkur irgendwann Hungergefühle auftreten (oder zumindest Appetit). Sie können dem entgegenwirken, indem Sie ein großes Glas Wasser schlückchenweise trinken. Oder eine Zwischenmahlzeit vorziehen. Langsam und gründlich kauen, das macht schneller satt.

„Spätmahlzeit": Wenn Sie am Tagesschluß der Hunger allzusehr quält, essen Sie noch einen Apfel, eine Birne oder eine Orange. Das macht dann jeweils noch etwa 100 Kalorien mehr.

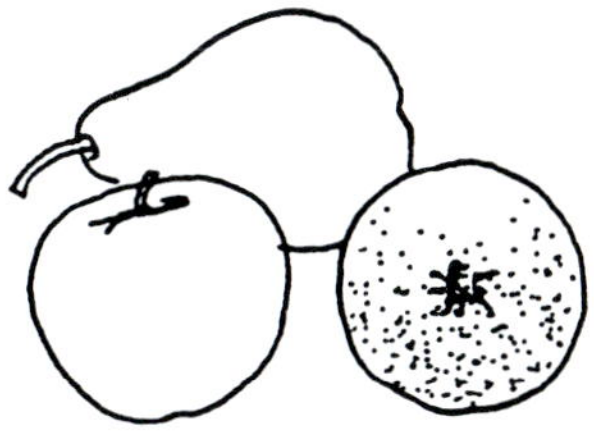

Immer Lust auf Süßigkeiten?

Während der Fastenkur sollten Sie mal versuchen, ganz bewußt auf Süßigkeiten zu verzichten (wie auf Alkohol, Zigaretten, vielleicht auch schwarzen Kaffee). Vermutlich ist Ihr „Süßhunger" danach sowieso nicht mehr so groß (oft ist das tägliche Stück Torte oder die Schokolade vor dem Zubettgehen nur eine dumme Angewohnheit). Und wenn, dann sollten Sie sich fragen, ob Sie wirklich Lust auf eben dieses Stück Schokolade haben. Wenn ja, genießen Sie es, ganz langsam, ohne Reue.
Vielleicht merken Sie aber, daß Sie was anderes brauchen (Entspannung, Liebe, Trost). Dann ist die Schokolade sicher nicht die angemessene Befriedigung.

Sommer- und Winterplan:

Die nachfolgenden Vorschläge zeigen den Sommerdiätplan in seinen einzelnen Tagen. Im Anschluß an kurz gefaßte Rezepte wird die Gesamtkalorienzahl ausgewiesen. Es folgt eine Übersicht der für den Einzeltag benötigten Zutaten. Anschließend wird unter der Rubrik „Alternative" (Winterfahrplan) eine Ausweichmöglichkeit für die Gerichte beschrieben, welche im Winter schwer zugängliche Zutaten verwenden. Sie können dann die einzelnen Mahlzeiten gegeneinander austauschen. Die Brennwerte werden gesondert aufgeführt.

Der Fastenplan

1. Tag des Fastenplans (Sommerfassung)

Frühstück (80 kcal)	1 Scheibe Knäckebrot, dünn mit Frischkäse bestrichen, darauf 1 Apfelschnitz (Restapfel für 1. Zwischenmahlzeit aufheben)
1. Zwischenmahlzeit (80 kcal)	Restlicher Apfel (mittlere Größe)
Mittagessen (140 kcal)	Gefüllte Paprika. 1 mittelgroße Paprika mit etwas Fleischbrühe etwa 20 Minuten dünsten, daneben 2 gelbe Rüben in Scheiben geschnitten mit 1/2 Zwiebel (kleingeschnitten) in wenig Olivenöl etwa 10 Minuten dünsten, leicht salzen. Ausgenommene Paprika mit dem übrigen Gemüse füllen.
2. Zwischenmahlzeit (50 kcal)	Kalorienarmer Fertigpudding zum Anrühren
Abendessen (150 kcal)	Avocadocreme mit 1 Scheibe Knäckebrot. Bereitet aus 1 Avocado, halbiert, entkernt, ausgeschabt. Fruchtfleisch mit Gabel sorgfältig zerdrücken. Mit Gewürzen und etwas Zitrone abschmecken.

Tageskalorienzahl: 500

Sie benötigen für diesen Tag:

Knäckebrot: 2 Scheiben;
Obst: 1 Apfel;
Gemüse: 1 Paprika, 2 gelbe Rüben, 1/2 Zwiebel, 1 Avocado;
außerdem: Frischkäse, kalorienarmer Fertigpudding, Zitronensaft, Gewürze;
Getränke: Tee, Mineralwasser.

Alternative zu Tag 1 (Winterfassung)

Statt Mittagessen mit Paprika
(die bei uns ja meist auch im Winter zu haben sind):

Pfannkuchen mit Pilzen

30 g Mehl
Backpulver
1 Eiweiß
1 Eßl. Milch, 1,5 %
Öl
Salz
200 g Pilze
Saure Sahne oder Joghurt
Gewürze

Kalorienzahl: 200

Milch unter das geschlagene Eiweiß rühren. Mit Mehl, etwas Backpulver zu einem Teig vermengen und in wenig Öl backen. Wenig salzen.
Pilze nach dem Putzen und Waschen in gröbere Stücke schneiden und dünsten. Mit Gewürzen und etwas saurer Sahne oder Joghurt abschmecken.

2. Tag des Fastenplans (Sommerfassung)

Frühstück (170 kcal)

Müsli aus je 10 g Haferflocken, Sesam, Sonnenblumen-, Kürbiskernen, Leinsamen. Wählen Sie 3 dieser 5 Zutaten aus und vermengen sie mit 1/2 Tasse Milch (1,5 %) oder Fruchtsaft.
Dazu 1/2 Apfel, kleingeschnitten.

1. Zwischenmahlzeit (80 kcal)

1 Magermilchjoghurt (1,5 %)

Mittagessen (160 kcal)

Grünkernplätzchen mit Gurkensalat.
Plätzchen: 20 g Grünkerngrieß mit 1/2 Teel. Olivenöl, 1 Messerspitze Jodsalz und etwas Eiweiß zu einer Masse vermengen. Gewürze nach Belieben, insgesamt aber nicht zu scharf.
In wenig Olivenöl herausbacken.
Gurkensalat: 1/2 Gurke mit wenig Essig, Öl; Gewürze nach Belieben (Probieren Sie eine Messerspitze Curry dazu).

2. Zwischenmahlzeit (170 kcal)

1 Scheibe Vollkornbrot mit Frischkäse (20 g)

Abendessen (80 kcal)

Salat
aus 1/2 Kopfsalat, 1/2 Paprika,
1/2 Zwiebel, 1 Tomate,
angemacht mit wenig Essig und Öl.
Dazu 1 Scheibe Knäckebrot.

Tageskalorienzahl: 660

Sie benötigen für diesen 2. Tag:

Knäckebrot: 1 Scheibe;
Vollkornbrot: 1 Scheibe;
Gemüse: 1/2 Kopfsalat, 1 Tomate, 1/2 Paprikaschote, 1/2 Zwiebel;
Körner: Sesam, Kürbis, Leinsamen, Sonnenblumen, Haferflocken (Wählen Sie davon 3 Sorten aus), jeweils 10 g;
Obst: 1/2 Apfel;
außerdem: 1 Joghurt (1,5 %), Milch, Grünkerngrieß, Frischkäse, 1 Ei, Olivenöl, Essig;
Getränke: Tee, Mineralwasser.

Da die Zutaten alle auch im Winter zu kaufen sind, entfällt hier die alternative Winterfassung.

3. Tag des Fastenplans (Sommerfassung)

Frühstück (140 kcal)	1 Joghurt (1,5 %) mit 1 Teelöffel Honig
1. Zwischenmahlzeit (70 kcal)	1 geriebene gelbe Rübe mit etwas Zitronensaft beträufelt
Mittagessen (250 kcal)	Hühnerschenkel auf Reis. Dünsten Sie einen ganzen Hühnerschenkel. Für das heutige Mittagessen brauchen Sie nur die Hälfte. Den Rest gibt's am Abend von Tag 4. Mit dem beim Dünsten gewonnenen Saft den Reis überziehen.
2. Zwischenmahlzeit (50 kcal)	Kalorienarmer Pudding
Abendessen (150 kcal)	1 Scheibe Vollkornbrot mit Magerquark (50 g); dazu Petersilie, Dill oder Schnittlauch

Tageskalorienzahl: 660

Sie benötigen für diesen Tag:

Vollkornbrot: 1 Scheibe;
Gemüse: 1 gelbe Rübe;
außerdem: 30 g Reis, 1 Hühnerschenkel, 50 g Magerquark, Puddingpulver (kalorienarm), 1 Joghurt (1,5 %), 1 Teelöffel Honig, Kräuter wie Dill, Schnittlauch, Petersilie, Zitronensaft;
Getränke: Tee, Mineralwasser.

Alternative zu Tag 3 (Winterfassung)

Austausch einer Hauptmahlzeit gegen

Kartoffelgratin

3 Kartoffeln
50 g Magerquark
Dill

3 Kartoffeln nicht ganz weich kochen, schälen und in Scheiben schneiden. In einem tiefen Teller anordnen, mit 50 g Magerquark überziehen. Darauf Dill (Tiefkühlkost). Im Backofen oder Mikrowellenherd so vorsichtig erwärmen, daß der Quark nicht zu trocken, aber weich wird.

Kalorienzahl: 280

4. Tag des Fastenplans (Sommerfassung)

Frühstück (160 kcal)	30 g Cornflakes, 1/2 Joghurt (1,5 %)
1. Zwischenmahlzeit (160 kcal)	Obstsalat. 1 Apfel oder 1 Birne in Stücke schneiden, ebenso 50 g Weintrauben. 1/2 Orange mit etwas Milch oder Fruchtsaft dem übrigen untermengen.
Mittagessen (200 kcal)	Gemüsetopf. 2 Kartoffeln, 1 Tomate, 1/2 Zwiebel, Petersilie (gehackt, 1 Eßlöffel). Gemüse zerkleinern, Kartoffeln waschen, roh schälen, würfeln und in mäßig gesalzenem Wasser kochen, daß sie noch bißfest sind. Zwiebeln kurz zuvor beifügen. Kartoffelwasser abgießen. Zuletzt die Tomatenstücke und Petersilie zufügen und 2 - 3 Minuten auf kleiner Flamme gemeinsam ziehen lassen.
2. Zwischenmahlzeit (100 kcal)	1/2 Joghurt, 1 Scheibe Knäckebrot belegt mit 2 Orangenscheiben (der halben Orange, die vormittags übrig blieb).
Abendessen (180 kcal)	Hähnchensalat. Den am Vortag übriggebliebenen halben Hühnerschenkel vom Knochen lösen, in Stücke schneiden. 3 Radieschen in Scheiben schneiden, mit etwas Kresse und 1 Teelöffel Olivenöl, 1 Eßlöffel Wasser vermengen, nach Belieben würzen.

Tageskalorienzahl: 800

Sie benötigen für diesen 4. Tag:

Cornflakes: 30 g;
Knäckebrot: 1 Scheibe;
Gemüse: 2 mittelgroße Kartoffeln, 3 Radieschen, 1 Tomate, Petersilie (1 Eßlöffel), 1/2 Zwiebel, Kresse (1 Eßlöffel);
Obst: 1 Apfel oder 1 Birne, 50 g Weintrauben, 1 Orange;
außerdem: 1/2 Hähnchenschenkel (vom Vortag), 1 Joghurt, Olivenöl, Gewürze Ihrer Wahl;
Getränke: Tee, Mineralwasser.

Alternative zu Tag 4 (Winterfassung)

Austausch einer Hauptmahlzeit gegen

Reistopf

50 g Reis
50 g Krabben
50 g Mais

50 g Reis fast gar kochen. Etwa 5 Minuten vor dem Garwerden 50 g Krabben und 50 g Mais (lieber Tiefkühlkost als Dose wegen des Salzgehaltes) zufügen. In weiteren 5 Minuten das Gericht fertigkochen.

Kalorienzahl: 280

5. Tag des Fastenplans (Sommerfassung)

Frühstück (170 kcal)	Müsli, wie Tag 2. (Rest des Apfels für zweite Zwischenmahlzeit aufbewahren)
1. Zwischenmahlzeit (50 kcal)	1 Scheibe Knäckebrot belegt mit Tomatenscheiben (1 mittlere Tomate)
Mittagessen (180 kcal)	Fisch mit Kartoffelpüree. In 1/8 l Milch (1,5 %) gut 1 Eßlöffel Kartoffelpüreepulver anrühren. 100 g Kabeljaufilet würzen, gar dünsten, mit Zitronensaft beträufeln.
2. Zwischenmahlzeit (200 kcal)	Rohkostsalat. 1/2 Sellerie, 1 gelbe Rübe, 1 Apfel in Stücke und/oder Streifen schneiden und auf einem Teller gefällig anordnen.
Abendessen (100 kcal)	1 Teller einer nicht zu kalorienreichen Päckchensuppe (günstig: gebundene Gemüsesuppe; ungünstig: Suppen mit der Bezeichnung „-creme" im Namen). Dazu 1 Scheibe Knäckebrot.

Tageskalorienzahl: 700

Sie benötigen für diesen Tag:

Knäckebrot: 2 Scheiben;
Körner: wie Tag 2;
Gemüse: 1/2 Sellerie, 1 gelbe Rübe;
Obst: 1 Apfel;
außerdem: Kartoffelpüree, Milch (1,5 %), 100 g Kabeljaufilet, 1 Päckchensuppe (wie oben beschrieben);
Getränke: Tee, Mineralwasser.

Alternative zu Tag 5 (Winterfassung)

Mittags:

Kartoffelsalat

3 Salatkartoffeln
1/8 l Fleischbrühe
1/4 Kopf Endiviensalat
Pfeffer
Essig

3 Salatkartoffeln weichkochen, schälen, in Scheiben schneiden.
Etwa 1/8 l Fleischbrühe (relativ kräftig) bereiten und erkalten lassen.
1/4 Kopf Endiviensalat putzen, in feine Streifen schneiden.
Beides mit der Fleischbrühe vermengen, mit wenig Pfeffer und Essig abschmekken.

Kalorienzahl: 270

6. Tag des Fastenplans (Sommerfassung)

Frühstück (200 kcal)	1 Scheibe Vollkornbrot, 1 weichgekochtes Ei.
1. Zwischenmahlzeit (80 kcal)	1 Orange oder 1 Birne
Mittagessen (100 kcal)	Kohlrabigemüse. 2 Kohlrabi vom Kraut trennen. Dieses in sehr feine, nicht zu lange Streifen schneiden und den Kohlrabiknollen zum Kochen beifügen. Die gegarten Kohlrabi in Scheiben schneiden, leicht salzen und das Kraut nach Belieben darüber verteilen.
2. Zwischenmahlzeit (80 kcal)	1 Scheibe Knäckebrot, mit Magerquark dünn bestreichen, darauf etwas Kresse
Abendessen (80 kcal)	Salat wie Tag 2

Tageskalorienzahl: 540

Sie benötigen für diesen Tag:

Vollkornbrot: 1 Scheibe;
Knäckebrot: 2 Scheiben;
Gemüse: 2 Kohlrabi mit Kraut, 1 Tomate, 1/2 Kopfsalat, 1/2 Paprikaschote, 1/2 Zwiebel, Kresse;
Obst: 1 Orange oder 1 Birne;
außerdem: 1 Ei, Magerquark (etwa 20 g);
Getränke: Tee, Mineralwasser.

(Da die Zutaten alle auch im Winter zu kaufen sind, entfällt hier die alternative Winterfassung.)

7. Tag des Fastenplans (Sommerfassung)

Frühstück (120 kcal)	1 Scheibe Knäckebrot, mit Frischkäse bestrichen und mit kleingeschnittenem Schnittlauch bestreut
1. Zwischenmahlzeit (30 kcal)	1 Kiwi
Mittagessen (250 kcal)	Reispfanne. 50 g Reis kochen, etwa 5 Minuten vor dem Garwerden eine kleine, in dünne Scheiben geschnittene Zucchini zufügen und noch kurz weiter kochen. Dazu etwas Curry und 1 Teelöffel Olivenöl.
2. Zwischenmahlzeit (50 kcal)	1 Portion Diät-Götterspeise
Abendessen (80 kcal)	1 Scheibe Knäckebrot, belegt mit 1 Tomate, in Scheiben geschnitten, darauf kleine Zwiebelstückchen.

Tageskalorienzahl: 530

Sie benötigen für diesen Tag:

Knäckebrot: 2 Scheiben;
Gemüse: 1 kleine Zucchini, Schnittlauch (1 Teel.), 1 Tomate, 1/2 Zwiebel (klein);
Obst: 1 Kiwi;
außerdem:
Frischkäse (etwa 10 g),1 Diät-Götterspeise, Olivenöl, 50 g Reis, Curry;
Getränke: Tee, Mineralwasser;

Alternative zu Tag 7 (Winterfassung)

Mittagessen:

Kartoffelsuppe

3 Kartoffeln
2 gelbe Rüben
1/2 Zwiebel
1/4 l Wasser
Salz, Pfeffer
Schnittlauch
Öl

3 Kartoffeln weich kochen, schälen und zerdrücken.
2 gelbe Rüben putzen und in Stücke schneiden.
1/2 Zwiebel in kleine Stücke schneiden. Mit wenig Olivenöl Zwiebelstücke anrösten, dann mit Wasser (1/4 l) aufgießen, die gelben Rüben hinzufügen und bißfest garen.
Schließlich die zerdrückten Kartoffeln dazugeben und verrühren. Mit wenig Salz und Pfeffer abschmecken.
1 Eßlöffel kleingeschnittenen Schnittlauch zufügen.

Kalorienzahl: 350

GESAMTÜBERSICHT DER LEBENSMITTEL, DIE SIE IN DER HEILFASTENWOCHE BENÖTIGEN

(Fastenplan Tag 1 - 7, Sommerfassung)

Wie erwähnt, wird der Großteil der Lebensmittel schon in der Vorbereitungsphase gekauft.
Als kleine Pause im Heilfasten ist der 4. Tag vorgesehen. Hier wird der zweite Teil der Wochenernährung eingekauft.
Naturgemäß sind nur noch wenige Dinge zu besorgen, um Ihr Heilfasten nicht über Gebühr zu stören.
Sie werden merken: Der kleine Ausflug „in die Welt" tut Ihnen gut, Sie werden aber auch froh sein, in „Ihre Woche" zurückkehren zu können.

Auf der folgenden Seite finden Sie die für die Woche notwendigen Lebensmittel übersichtlich aufgelistet. Die Einteilung trennt erste und zweite Wochenhälfte.

Dabei empfiehlt es sich, manche Lebensmittel abhängig von ihrer Haltbarkeit bereits vor der Heilfastenwoche einzukaufen. Hinweise dazu entnehmen Sie bitte der 3. Spalte in umseitiger Tabelle. Es wird die gesamte Woche in ihrer Sommerfassung aufgeführt.

Bei Verwendung der Alternativen, etwa im Winterhalbjahr, orientieren Sie sich bitte an der Seite nach der Haupttabelle. Dort finden Sie die Lebensmittel für alle Alternativvorschläge zusammenhängend aufgeführt.

Sie benötigen in der	Wochenhälfte 1 ***	Wochenhälfte 2	Einkauf für beide Wochenhälften schon in Vorbereitungsphase zu empfehlen
Apfel	3	1	ja
Avocado	+	–	
Birne	1 **	1 **	ja
Cornflakes	+	–	ja
Diät-Götterspeise	–	1	ja
Diät-Pudding	2	–	ja
Ei	1	1	ja
Frischkäse	+	+	ja
Gelbe Rüben	3	1	ja
Grünkerngrieß	+	–	ja
Honig	+	–	ja
Hühnerschenkel	+	–	
Joghurt 1,5%	3	1	nein
Kabeljau	–	+	nein
Kartoffeln	–	2	ja
Kartoffelpüree	–	+	ja
Kiwi	–	1	nein
Knäckebrot	4 Scheiben	3 Scheiben	ja
Körner *	+	+	ja
Kopfsalat	1	1	nein
Kresse	+	+	nein
Magerquark	+	+	ja
Milch 1,5%	+	+	nein
Olivenöl, Essig, Gewürze	+	+	ja
Orange	1 **	1 **	ja
Päckchen-Suppe	–	+	ja
Paprikaschoten	2	1	nein
Petersilie, Dill, Schnittlauch	+	+	ja
Radieschen	–	3	nein
Reis	+	+	ja
Sellerie	–	1	nein
Tomaten	1	3	nein
Vollkornbrot	2 Scheiben	1 Scheibe	ja
Weintrauben	+	–	
Zucchini	–	+	nein
Zwiebeln	1	2 - 3	ja

* wie im Fastenplan ausgeführt (Tag 2, Frühstück)

** angegeben jeweils als Orange oder Birne (Tag 4 und 6)

*** einschließlich 1. Zwischenmahlzeit Tag 4

Getränke: Tee wie oben ausgeführt, also sehr individuell.
Mineralwasser täglich eher 3 als 2 Flaschen (à 0,7 l). Gesamttagestrinkmenge 3 l.

Für die Alternativ-Mahlzeiten benötigen Sie zusätzlich

in der 1. Wochenhälfte:	200 g Pilze (am besten Zuchtchampignons), 1 Ei, Mehl, 3 Kartoffeln;
in der 2. Wochenhälfte:	6 Kartoffeln, 50 g Reis, 50 g Mais, 50 g Krabben, 1 Endiviensalat, 2 gelbe Rüben, 1 Zwiebel, Fleischbrühe.

Richtig essen nach dem Fasten

Sie haben die Heilfastenwoche gut und erfolgreich hinter sich gebracht? Gratulation!

Nun sollten Sie aber bitte nicht den Erfolg mit hemmungslosem Zuschlagen feiern. Das würde sich zum einen negativ auf der Waage bemerkbar machen. Zum anderen wären auch sämtliche anderen positiven Nebenwirkungen, die Sie sicher in dieser Woche erfahren haben, schnell wieder zunichte.

Also: Warum nicht noch ein bißchen weiter kontrolliert essen?

Kalorien sparen in der Kantine

Auch wenn Sie Kalorien zählen, können Sie mittags in die Kantine gehen. Achten Sie auf folgendes:

• Suppen lieber auslassen, sie enthalten meist viel Fett.

• Viel Salat essen und ihn, wenn möglich, selbst anmachen (mit Salz, Pfeffer, Essig und etwas Öl). Fertige Dressings bringen oft unnötig viele Kalorien.

• Wenig Fleisch essen, Panade und sichtbares Fett wegschneiden.

• Pommes frites, Bratkartoffeln, Kroketten o.ä. lieber nicht essen. Salzkartoffeln, Kartoffelbrei, Reis oder Nudeln sind dagegen in aller Regel kalorienarme Beilagen.

• Statt üppigem Dessert ein Stück Obst oder Joghurt (Quark etc.) essen.

Ich schlage Ihnen keine zusätzliche Fastenwoche mehr vor. Schließlich hat Ihr Alltag wieder begonnen, Sie stehen im Beruf und brauchen Kraft. Deswegen mache ich Ihnen Rezept-Vorschläge, die Sie selbst zu Ihrer Diät kombinieren können.

Ich schlage im folgenden vor:

7 Frühstücke (à 200 kcal)
7 warme Mahlzeiten (à 400 kcal)
7 kalte Mahlzeiten (à 400 kcal)
14 Zwischenmahlzeiten (à 100 kcal)

Jeden Tag kombinieren Sie selbst:

1 Frühstück
1 Zwischenmahlzeit
1 warme Mahlzeit
1 Zwischenmahlzeit
1 kalte Mahlzeit

Damit kommen Sie pro Tag auf 1000 kcal. Eine Menge, die ideal ist, um nach einer Heilfasten-Woche wieder langsam aufzubauen.

Und für die Wochen (und Monate?) danach gilt:

- Behalten Sie das Prinzip der Heilfasten- und Aufbauwoche bei: Fünf Mahlzeiten pro Tag.
- Trinken Sie weiterhin viel – am besten zwei Liter pro Tag.
- Wenn Sie mal zwischendurch „gesündigt" haben: Schieben Sie sofort einen Fasten- oder Aufbautag ein.
- Stellen Sie Ihre Ernährung auf „Vollwert" um. Das heißt: viel frisches Obst, Gemüse und Salat, viele Vollkornprodukte, wenig Fleisch und Wurst.

Tolle Schlankmacher: Fertiggerichte

Tip, wenn Sie Ihr neues Idealgewicht nach der Fastenkur auch halten wollen:

Legen Sie sich einen Vorrat an Fertiggerichten zu, die Sie im Notfall schnell warm machen können. Das ist wesentlich besser und kaloriensparender, als sich abends heißhungrig auf alles Eßbare zu stürzen.

Wichtig: Kaufen Sie nur Fertiggerichte, auf denen die Kalorienzahl exakt angegeben ist. 300 bis 400 kcal sind richtig für eine warme Mahlzeit.

Wenn Sie in punkto Gesundheit auf Nummer Sicher gehen wollen, nehmen Sie sogenannte Diät-Fertiggerichte. Sie sind auch für Diabetiker und krankhaft Übergewichtige gedacht und müssen der Diät-Verordnung genügen, d.h. eine vorgeschriebene Mindestmenge an Eiweiß, Kohlenhydraten, Fettsäuren, Calcium, Eisen und Vitaminen enthalten.

Der Aufbauplan

Frühstücke (à 200 kcal)

1. Frühstück

1 Scheibe Vollkornbrot,
bestrichen mit 1 Eßlöffel Magerquark und 1 Teelöffel Marmelade.

2. Frühstück

2 Scheiben Knäckebrot,
bestrichen mit 2 Eßlöffeln Magerquark, der mit 2 Teelöffeln Kaffeesahne und etwas flüssigem Süßstoff glattgerührt wurde.
Darauf kommt eine in dünne Scheiben geschnittene Kiwi.

3. Frühstück

1 weichgekochtes Ei,
dazu 1/2 Scheibe Vollkornbrot, bestrichen mit 1 Teelöffel Butter oder Margarine.
Dazu 1 Tomate mit Salz und Pfeffer.

4. Frühstück

Rührei mit Tomaten:
1 Messerspitze Butter oder Margarine in einer Pfanne erhitzen,
eine in Scheiben geschnittene Tomate darin dünsten.
Ein Ei (verquirlt mit etwas Salz, Pfeffer und Schnittlauchröllchen) über die Tomaten gießen und stocken lassen.
Dazu 1/2 Scheibe Vollkornbrot,
bestrichen mit 1 Teelöffel Tomatenmark.

Frühstücke (à 200 kcal)

5. Frühstück

1 Becher (150 g) Vollmilchjoghurt mit etwas flüssigem Süßstoff und 2 Teelöffeln Zitronensaft verrühren. Einen geschälten, entkernten und in Stücke geschnittenen Apfel druntermischen und 1 Teelöffel gehackte Haselnüsse darüberstreuen.

6. Frühstück

Eine Orange halbieren, die eine Hälfte auspressen. Den Saft mit 3 Eßlöffeln Magerquark, etwas flüssigem Süßstoff und 1 Teelöffel Weizenkleie verrühren. Das Fruchtfleisch der anderen Orangenhälfte daruntermischen.

7. Frühstück

1/4 l Milch mit etwas flüssigem Süßstoff vermischen und 2 Eßlöffel Cornflakes hineingeben.

Getränke:
(Kräuter-)Tee,
Kaffee ohne Milch und Zucker

Warme Mahlzeiten (à 400 kcal)

1. Gefüllte Tomaten

2 mittelgroße Tomaten (400 g),
Salz, Pfeffer,
1 TL Butter oder Margarine,
1 TL Mehl,
6 EL Milch,
2 EL geriebener Käse,
1 Eigelb, 1 Eiweiß,
1 Scheibe Toast

Von den Tomaten einen Deckel abschneiden, dann aushöhlen und würzen. Das Fett mit dem Mehl verkneten, unter Rühren mit der Milch aufkochen. Topf vom Herd ziehen. Soße mit Salz und Pfeffer würzen, Käse und Eigelb daruntermischen. Dann das steif geschlagene Eiweiß darunterheben und die Masse sofort in die Tomaten füllen. Im unteren Teil des auf 200 Grad vorgeheizten Ofens etwa 15 Minuten backen. Dazu gibt's Toast.

2. Pizzabrot

2 Scheiben Graubrot,
2 Tomaten,
1/4 Gurke (100 g),
Salz, Pfeffer,
4 Scheiben Mozzarella (80 g),
Oregano, Basilikumblätter

Brot toasten, mit Tomaten- und Gurkenscheiben belegen, salzen und pfeffern. Mozzarella darauflegen und mit Oregano bestreuen. Kurz unterm Grill überbakken, bis der Käse zu zerlaufen beginnt. Basilikumblätter darüberstreuen.

3. Spinatcreme mit Ei

1 Paket TK-Spinat (150 g),
1/8 l Gemüse- oder Hühnerbrühe (Instant),
1 EL Crème fraîche,
Salz, Pfeffer, Cayennepfeffer, Muskat,
2 Eier,
2 kleine gekochte Kartoffeln

Spinat und Brühe in einen Topf geben. Spinat auftauen lassen. Crème fraîche unterrühren, mit Salz, Pfeffer, Cayennepfeffer und Muskat würzen. Eier weich kochen und mit den Kartoffeln in die Spinatcreme geben. Gut erwärmen.

4. Fischfilet in der Folie

250 g Rotbarsch- oder Seelachsfilet,
Zitronensaft, Salz, Pfeffer,
eine Handvoll frische Kräuter,
1 Tomate,
100 g Champignons,
1 TL Butter,
1 Portion Kartoffelpüree (aus der Packung),
1/2 Kopfsalat,
1 TL Öl

Fischfilet mit Zitronensaft, Salz, Pfeffer, viel frischen Kräutern würzen und auf ein großes Stück Alufolie legen.
Kleingeschnittene Tomate und Pilze darauf verteilen. Salzen, pfeffern und Butterflöckchen drauflegen. Folie gut verschließen und den Fisch zehn Minuten im 180 Grad heißen Ofen garen.
Dazu gibt's Kartoffelpüree und Salat mit Zitronensaft, Kräutern und Öl.

5. Champignon-Pfannkuchen

1 Ei,
2 EL Mehl, Salz,
1/8 l Mineralwasser,
1/2 TL Öl,
250 g Champignons,
1 Zwiebel,
1 TL Butter,
1 EL Crème fraîche,
Salz, Pfeffer, Paprika, Essig, Petersilie

Aus Ei, Mehl, Salz und Mineralwasser einen Teig quirlen. Dann in einer eingefetteten Pfanne zwei Pfannkuchen backen.
Für die Füllung kleingeschnittene Pilze und Zwiebel in der Butter anbraten, Crème fraîche darunterrühren, würzen und Petersilie darüberstreuen.
Die Füllung auf die Hälfte der Pfannkuchen häufen, die andere darüberklappen.

6. Schweineschnitzel mit Gurkensalat

1 Salatgurke (250 g),
1/2 Becher Magermilchjoghurt,
1 EL Zitronensaft,
1/2 Bund Dill, Salz, Pfeffer,
1 Schweineschnitzel (125 g),
Paprika,
2 EL Semmelbrösel,
1 EL geriebener Käse,
1 TL Öl

Für den Gurkensalat die geschälte und entkernte Gurke in Scheiben schneiden und mit Joghurt, Zitronensaft, gehacktem Dill, Salz und Pfeffer anmachen.
Schweineschnitzel mit Salz, Pfeffer und Paprika würzen.
Mit Semmelbröseln und geriebenem Käse panieren.
Auf jeder Seite etwa zwei Minuten im heißen Öl braten.

7. Spaghetti mit Pesto

50 g Spaghetti,
Salz,
1 Tomate (200 g),
1 Bund Basilikum oder Petersilie,
1 TL Pinienkerne,
2 TL Olivenöl,
Pfeffer,
1 EL geriebener Käse

Spaghetti in Salzwasser bißfest kochen.
Für die Soße Tomate, Basilikum oder Petersilie, Pinienkerne, Olivenöl, Pfeffer und drei Eßlöffel Spaghetti-Kochwasser im Mixer pürieren, würzen.
Spaghetti bis auf einige Eßlöffel Kochwasser abgießen. Soße zufügen, gut mischen und kurz aufkochen.
Geriebenen Käse darüberstreuen.

Getränke: Mineralwasser

Kalte Mahlzeiten (à 400 kcal)

1. Spinat-Salat

50 g feine Spinatblätter,
1 mittelgroße reife Birne,
Saft von 1/2 Zitrone,
1 TL Öl,
Salz, Pfeffer,
50 g Gorgonzola,
1 Scheibe Vollkornbrot

Spinatblätter waschen, verlesen und auf einen Teller legen.
Birne in feine Spalten schneiden und darauf verteilen.
Mit Zitronensaft, Öl, Salz und Pfeffer würzen. Gorgonzola darüberkrümeln.
Dazu gibt's Vollkornbrot.

2. Griechischer Gurkenjoghurt

2 Becher Magermilch-Joghurt,
2 Knoblauchzehen,
1 Gurke,
Salz, Pfeffer,
ein paar Tropfen Olivenöl,
Zitronensaft,
1/4 Fladenbrot

Den Joghurt mit den zerdrückten Knoblauchzehen und der entkernten, geraffelten Gurke vermischen.
Salzen, pfeffern, Olivenöl und Zitronensaft daruntermischen.
Dazu gibt's Fladenbrot.

3. Carpaccio

100 g Rinderfilet,
1 TL Olivenöl,
40 g Bergkäse (z.B. Greyerzer),
Salz, Pfeffer,
Petersilie,
1 Scheibe Toastbrot

Das Rinderfilet hauchdünn aufschneiden (geht am besten, wenn es vorher ein paar Stunden im Tiefkühlfach war). Die Scheiben auf einen mit Öl bepinselten Teller legen.
Mit dem dünn gehobelten Käse belegen und noch etwas Öl darüberträufeln.
Salzen, pfeffern und mit Petersilie bestreuen.
Dazu gibt's das getoastete Brot, mit dem man auch das restliche Öl auftunken darf.

4. Geräucherte Forelle

100 g vakuumverpacktes geräuchertes Forellenfilet, dazu 1 Scheibe Vollkornbrot, 1 TL Butter. Als Nachtisch 1 Pfirsich.

5. Rohkost mit Kräuterquark

1/2 Salatgurke,
2 Karotten,
1 mittelgroße Fenchelknolle (100 g),
125 g Speisequark (20 % Fett),
1 TL Öl,
viel frische Kräuter, Salz, Pfeffer, Paprika,
2 Scheiben Knäckebrot

Gemüse in kleine Stücke schneiden. Quark, Öl und gehackte Kräuter miteinander vermischen und kräftig würzen. Der Kräuterquark kann gut in verschließbaren Dosen transportiert und am Arbeitsplatz mit Knäckebrot gegessen werden.

6. Roastbeef mit Remoulade

100 g Roastbeef (ohne Fettrand),
1 EL Mayonnaise (kalorienreduziert),
1 mittelgroße Salzgurke (100 g),
1 kleine Zwiebel,
1 EL Kapern,
1/4 Bund Schnittlauch,
1/4 Bund Petersilie,
Salz, Pfeffer,
1 Knäckebrot

Roastbeef auf einen Teller legen. Für die Soße Mayonnaise mit fein geschnittener Salzgurke, Zwiebel, gehackten Kapern und den Kräutern vermischen, würzen. Dazu schmeckt Knäckebrot.

7. Nizza-Salat

100 g grüne Bohnen,
1 kleine grüne Paprika,
Salz,
2 Tomaten (200 g),
1/2 Gärtnergurke,
1 Zwiebel,
1 Knoblauchzehe,
3 – 4 Salatblätter,
2 Sardellenfilets,
1 hartgekochtes Ei,
2 grüne Oliven,
1 EL Öl,
1/2 Bund Basilikum,
Salz, Pfeffer,
1 Scheibe Dreikorn-Toast

Bohnen und Paprika kurz in kochendes Salzwasser geben. Tomaten vierteln, geschälte und entkernte Gurke in Scheiben schneiden, Paprika und Zwiebel in Ringe. Den Knoblauch hacken.
Gemüse auf die Salatblätter legen. Sardellen, Ei-Viertel und Oliven darauflegen.
Aus Öl, Basilikum, Salz und Pfeffer eine Soße rühren und über den Salat träufeln. Dazu gibt's Toast.

Getränke: Tee, Mineralwasser

Zwischenmahlzeiten (à 100 kcal)

1. ______	1 Apfel
2. ______	1 Birne
3. ______	1 Nektarine
4. ______	1 Banane
5. ______	500 g Rhabarber, mit Zitrone und flüssigem Süßstoff verrührt
6. ______	175 g Dickmilch
7. ______	200 g Buttermilch, verrührt mit Zimt und flüssigem Süßstoff
8. ______	1/2 Becher Magerquark, verrührt mit flüssigem Süßstoff und 1/2 Päckchen Vanillinzucker
9. ______	200 g Staudensellerie mit 1 EL Crème fraîche
10. ______	1/2 Scheibe Vollkornbrot mit 1 TL Senf und 1 Scheibe Edamer (10 %)
11. ______	1 Scheibe Knäckebrot mit 1 TL Butter, 2 Gewürzgurken
12. ______	1/2 Scheibe Vollkornbrot mit 1/2 TL Butter und Schnittlauchröllchen
13. ______	2 Tassen (170 ml) Instant-Erbsensuppe
14. ______	1 Tasse Tee mit Milch, 1 Schoko-Zwieback

Kalorientabelle mit Angaben zum Nährwert

Speisen 100 g enthält ca.	Eiweiß g	Fett g	Kohlen-hydrate g	Kalorien kcal
Fleisch				
Hammelkotelett	15,00	32,0	–	370
Kalbfleisch, Brust	18,50	6,0	–	142
Kalbfleisch, Filet	20,50	1,5	–	105
Kalbfleisch, Schnitzel	20,70	2,0	–	108
Kalbszunge	17,00	6,0	–	134
Rindfleisch, Brust	16,00	21,0	–	270
Rindfleisch, Filet	19,00	4,5	–	126
Rindfleisch, Roastbeef	16,40	19,0	–	254
Schweinebauch	11,70	42,0	–	450
Schweinefleisch, Filet	18,60	9,9	–	176
Schweinefleisch, Keule	15,00	31,0	–	362
Schweinefleisch, Kotelett	15,20	30,6	–	358
Schweinefleisch, Schnitzel	20,80	8,0	–	168
Geflügel				
Ente	18,00	17,2	–	243
Gans	15,70	31,0	–	364
Huhn, Brathuhn	20,60	5,6	–	144
Huhn, Brust	22,80	0,9	–	109
Suppenhuhn	18,50	20,3	–	274
Truthahn	20,00	20,2	0,4	282
Wild				
Hase	21,60	3,0	–	124
Rehkeule	21,50	1,3	–	106
Rehrücken	22,40	3,6	–	133

Speisen 100 g enthält ca.	Eiweiß g	Fett g	Kohlen-hydrate g	Kalorien kcal
Wurstwaren				
Bierschinken	15,50	19,0	–	250
Bockwurst	12,30	25,3	–	294
Cervelatwurst	16,90	43,0	–	484
Fleischwurst	13,20	27,0	–	315
Fleischkäse, Leberkäse	12,50	22,6	0,3	271
Kalbsbratwurst	10,30	31,5	–	343
Leberwurst	12,40	41,0	0,9	449
Lyoner	12,60	28,8	–	329
Salami, deutsch	17,80	49,7	–	550
Schweineschinken, gekocht	19,50	20,6	–	282
Schweineschinken, geräuchert	18,00	33,3	–	395
Schweinefleisch, Kassler	18,50	26,0	–	328
Wiener Würstchen	14,90	20,8	–	264
Fisch				
Aal	12,70	25,6	–	299
Aal, geräuchert	18,70	26,5	0,8	337
Barsch	18,40	0,8	–	89
Bismarckhering	16,80	15,0	3,8	234
Bückling	21,80	14,3	–	232
Forelle	19,10	2,0	–	104
Hering	17,30	20,0	–	255
Kabeljau	17,00	0,3	–	78
Karpfen	18,90	7,0	–	151
Lachs	19,90	13,6	–	217
Makrele	18,80	11,6	–	193
Makrele, geräuchert	20,70	15,5	–	238
Ölsardinen	24,10	14,0	1,3	240
Sardine	19,40	5,2	–	134
Scholle	17,00	0,8	–	83
Seelachs	18,30	0,8	–	88
Sprotten, geräuchert	19,40	18,5	–	260
Thunfisch	21,50	15,5	–	242

Speisen 100 g enthält ca.	Eiweiß g	Fett g	Kohlen-hydrate g	Kalorien kcal
Hühnerei				
Hühnerei, Vollei	13,00	11,2	–	167
Hühnereigelb	16,10	32,0	–	377
Hühnereiweiß, Eiklar	11,00	–	–	55
Fette, Öle				
Butter	0,70	81,0	–	755
Halbfettmargarine	0,70	40,0	–	375
Margarine	0,50	78,0	–	733
Mayonnaise	1,50	83,0	–	744
Speiseöle	–	99,8	–	898
Käse				
Brie (50% F.i.Tr.)	22,50	28,0	2,7	352
Camembert (60% F.i.Tr.)	18,00	34,0	0,9	381
Doppelrahmfrischkäse (60% F.i.Tr.)	14,50	30,5	2,0	341
Edamer (45% F.i.Tr.)	24,80	28,0	4,0	370
Edelpilzkäse (50% F.i.Tr.)	23,00	33,0	1,7	395
Emmentaler (45% F.i.Tr.)	27,50	30,5	3,5	398
Gouda (45% F.i.Tr.)	25,50	29,0	4,7	384
Limburger (20% F.i.Tr.)	26,50	8,5	0,9	187
Parmesankäse	35,60	26,0	3,5	389
Romadur (50% F.i.Tr.)	20,00	26,0	0,1	312
Schmelzkäse (45% F.i.Tr.)	14,50	23,5	6,0	294
Tilsiter (45% F.i.Tr.)	26,00	27,5	0,6	357
Milch, Milchprodukte				
Buttermilch	3,5	0,5	4,0	35
Magermilch	3,5	0,1	4,8	34
Trinkmilch, fettarm	3,4	1,6	4,7	47
Vollmilch	3,3	3,6	4,7	64
saure Sahne (10,0 % Fett)	3,0	10,5	4,0	123

Speisen 100 g enthält ca.	Eiweiß g	Fett g	Kohlen-hydrate g	Kalorien kcal
Joghurt, mager (0,3% Fett)	4,40	0,1	4,9	38
Joghurt, fettarm (1,5% Fett)	3,60	1,6	4,7	48
Joghurt (3,5% Fett)	4,00	3,8	4,6	68
Speisequark, mager	17,00	0,6	2,0	81
Speisequark (10% F.i.Tr.)	14,00	2,0	4,0	90
Speisequark (20% F.i.Tr.)	12,60	4,9	6,0	119
Speisequark (40% F.i.Tr.)	12,00	12,0	3,5	171
Nährmittel				
Eierteigwaren	13,00	3,0	72	390
Grieß	10,00	0,8	75	370
Haferflocken	13,80	6,6	66	402
Mehl	10,50	1,0	74	368
Reis	7,00	0,6	79	368
Brot, Backwaren				
Brötchen	7,00	0,5	58	278
Biskuitplätzchen	8,50	5,5	82	441
Butterkeks	14,70	11,0	70	463
Grahambrot	8,50	1,0	48	250
Knäckebrot	10,10	1,5	77	383
Roggenbrot	6,50	1,0	51	253
Weißbrot	8,20	1,0	50	259
Zwieback	9,90	4,5	75	381
Gemüse				
Avocado	2,00	23,5	3	233
Blumenkohl	2,50	0,3	4	28
Bohnen, grün	2,30	0,3	5	33
Champignons	2,80	0,2	3	24
Chicorée	1,30	0,2	2	16
Endivie	1,80	0,2	2	17
Erbsen, grün	6,70	0,5	14	93

Speisen 100 g enthält ca.	Eiweiß g	Fett g	Kohlen-hydrate g	Kalorien kcal
Feldsalat, Ackersalat	1,90	0,4	3	21
Gurke	0,60	0,2	1	10
Karotte	1,00	0,2	7	35
Kartoffel	2,00	0,2	19	85
Kohlrabi	2,00	0,1	5	26
Kopfsalat	1,60	0,3	2	15
Linsen	24,00	1,0	56	354
Paprikaschote	1,20	0,3	5	28
Porree, Lauch	2,25	0,3	6	38
Radieschen	1,00	0,1	4	19
Rotkohl	1,50	0,2	5	27
Rosenkohl	4,50	0,6	7	52
Sauerkraut	1,50	0,3	4	26
Spargel	2,00	0,1	3	20
Speisemais	3,30	1,0	19	107
Spinat	2,45	0,4	2	23
Tomate	0,95	0,2	3	19
Zwiebel	1,25	0,3	10	45
Obst				
Ananas, frisch	0,50	0,2	13	58
Apfel	0,30	0,3	12	52
Apfelmus, Dose	0,20	0,1	19	79
Aprikosen, frisch	0,90	0,1	12	54
Banane	1,10	0,2	21	90
Birne	0,50	0,4	13	59
Datteln, getrocknet	1,85	0,5	73	305
Erdbeeren, frisch	0,90	0,4	8	39
Feigen, getrocknet	3,54	1,3	62	272
Grapefruit	0,70	0,2	10	32
Heidelbeeren, frisch	0,60	0,6	14	62
Himbeeren, frisch	1,30	0,3	8	40
Johannisbeeren, rot	1,00	0,2	8	37
Kirschen	0,80	0,5	14	64
Mandarinen	0,70	0,3	11	48

Speisen 100 g enthält ca.	Eiweiß g	Fett g	Kohlen-hydrate g	Kalorien kcal
Mirabellen	0,73	0,2	16	67
Orange	0,96	0,3	9	54
Pfirsiche, frisch	0,72	0,1	11	46
Pflaumen	0,70	0,1	12	53
Preiselbeeren	0,28	0,5	10	46
Rhabarber	0,55	0,1	4	20
Stachelbeeren	0,80	0,2	9	44
Wassermelone	0,60	0,2	5	24
Weintrauben	0,70	0,5	17	74

Säfte

Apfelsaft	0,05	–	11	47
Grapefruitsaft	1,00	–	10	30
Johannisbeersaft, rot	0,40	–	12	50
Karottensaft	0,60	–	6	27
Sanddornbeerensaft	0,95	2,3	5	45
Tomatensaft	1,00	0,2	4	22
Traubensaft	0,30	–	18	74

Marmelade, Süßwaren

Bonbons	–	–	94,0	390
Bienenhonig	–	–	81,0	305
Eiscreme	4,00	12,0	20,2	202
Fruchteis	1,5	2,0	30,0	137
Marmelade, Gelee	0,6	–	60,0	237
Marzipan	8,0	18,0	65,0	451
Pralinen	5,00	16,0	70,0	457
Vollmilchschokolade	9,00	33,0	54,7	550
Zucker	–	–	100	400

Register

A

Alkohol 52 f., 73
Altersgrenze 41
Athos 58 f., 65, 70
Autogenes Training 66

B

Belastung 23, 26 f., 42, 47, 49, 56, 59
Brennwert 17, 20

C

Cholesterinspiegel 13

D

Darmreinigung 45
Diät 18, 27, 38 f., 41 f., 51, 92
Diätplan 20, 23, 38, 43, 47, 57, 68, 70
Drüsenerkrankung 18

E

Einkauf 44, 47, 50, 68 f., 87 f.
Eiweiß 12 f., 19 f., 92
Energie 17, 20, 24
Entlastung 23, 26, 42
Entschlackung 23, 26 f., 45

F

Fernsehen 66, 68
Fertiggerichte 92
Fett 12 f., 17, 19 f., 23 f.
Frühstück 73, 91, 93 f.

G

Genußgifte 41, 52 f.
Gewichtsabnahme 19, 26, 28, 35, 39, 70
Gewichtsschwankungen 19
Gewichtszunahme 18, 29, 31, 35, 39
Größe 32 f.

H

Hormone 20 f.
Hunger 21, 47, 67, 68, 73

I/J

Idealgewicht 29, 30, 32 f., 92
Joule 17

K

Kalorie 14, 17 f., 23 f., 48, 52, 72 f., 90
Kalte Mahlzeiten 91, 98 f.
Kohlenhydrate 12, 14, 17, 20, 67, 92
Konservierungsmittel 23
Körperhygiene 48
Krankheit 40

L

Leibauflage 65
Lesen 61 f., 64, 68

M

Malen 64
Meditieren 65
Menstruation 54
Mineralstoffe 12, 15
Mittagsschlaf 65
Musizieren 64

N

Normalgewicht 30 f., 34 f.
Nulldiät 67

O

Obsttag 28

R

Rauchen 53
Ruhepause 64 f.
Rundfunk 66

S

Sauna 65
Schlacken 24 f., 36, 42
Schlankheitswahn 29, 70
Schwangerschaft 41
Sexualität 49, 53 f.
Sommerplan 43, 68, 73
Spätmahlzeit 73
Speicherfähigkeit 13
Sport 18, 48, 49
Spurenelemente 15
Stoffwechsel 16, 18, 20, 24, 41, 45, 47f., 57, 70
Streß 36, 66
Süßigkeiten 73

T

Teekur 69
Trinken 25, 91

U

Übergewicht 17, 28, 35 f., 45, 70, 92
Urlaub 36, 42 f., 47, 50 f., 60, 66

V

Verdauung 46
Vitamine 12, 15 f., 92

W

Waage 24, 28 f., 71
Warme Mahlzeiten 91, 95 f.
Winterplan 43, 68, 73
Wohlfühlgewicht 30

Y/Z

Yoga 55
Zeitunglesen 66
Zwischenmahlzeit 46, 64, 66 f., 73, 91, 101